CB079420

Mulheres de sucesso querem poder...

Amar

CARO LEITOR,

Queremos saber sua opinião sobre nossos livros.
Após sua leitura, acesse nosso site (www.editoragente.com.br),
cadastre-se e contribua com sugestões, críticas ou elogios.

Boa leitura!

Joyce Moysés

Mulheres de sucesso querem poder... Amar

Como viver um
amor duradouro
mesmo trabalhando
para atingir
o topo da carreira

Gente editora

Gerente Editorial
Alessandra J. Gelman Ruiz

Editora de Produção Editorial
Rosângela de Araujo Pinheiro Barbosa

Assistente Editorial
Cissa Tilelli Holzschuh

Controle de Produção
Adriane Aoqui de Souza

Projeto Gráfico
Neide Siqueira

Editoração
Join Bureau

Revisão
Adriana Cristina Bairrada

Capa
Ine Nakamura e Nelise Cardoso
Estúdio Nine

Ilustração de capa
Sérgio Ribeiro Lemos
(Seri)

Impressão
Edições Loyola

Copyright © 2011 by Joyce Moysés
Todos os direitos desta edição são reservados à Editora Gente.
Rua Pedro Soares de Almeida, 114
São Paulo, SP – CEP 05029-030
Telefone: (11) 3670-2500
Site: http://www.editoragente.com.br
E-mail: gente@editoragente.com.br

Dados Internacionais de Catalogação na Publicação (CIP)
(Câmara Brasileira do Livro, SP, Brasil)

Moysés, Joyce

Mulheres de sucesso querem poder... Amar – Como viver um amor duradouro mesmo trabalhando para atingir o topo da carreira / Joyce Moysés. – São Paulo: Editora Gente, 2011.

ISBN 978-85-7312-742-3

1. Homem – Mulher – Relacionamento 2. Mulheres – Comportamento 3. Mulheres – Conduta de vida 4. Mulheres – Psicologia 5. Realização pessoal 6. Relações amorosas 7. Sucesso profissional I. Título.

11-04623 CDD-155.633

Índices para catálogo sistemático:

1. Mulheres : Sucesso na vida amorosa e profissional : Psicologia 155.633

Dedico...

A toda minha família, especialmente ao meu marido, meu filho e minha mãe, por abrirem caminhos para eu *ser*, e não só *parecer*, mais realizada como mulher e profissional.

Agradeço...

a Roberto Shinyashiki, grande incentivador deste projeto, por me emprestar seus conhecimentos como psiquiatra, consultor de carreiras, escritor e palestrante;

às minhas fontes jornalísticas, como o psiquiatra Paulo Gaudencio e a socióloga Celia Belem, por serem dois mestres em emoções humanas;

aos meus amigos e jornalistas próximos, especialmente a Marcia Neder, por sua presença importante em várias fases alegres e difíceis;

a Norvan Martino Leite, médico acupunturista, por ampliar minha visão das coisas enquanto cuida da minha energia vital e a da minha família;

ao meu outro filho, por me mostrar, em apenas 22 horas de vida, que eu tinha de fazer a minha valer muito a pena: partilhando conhecimento profissional e amor também.

Sumário

"Todos os dias, quando acordo, vou correndo
tirar a poeira da palavra amor..."

Clarice Lispector

Apresentação

Joyce sabe o que diz. Porque ela vive o que diz. De um encontro na alegria fugaz de um sábado de Carnaval, construiu uma parceria amorosa que já dura quinze anos felizes.

Joyce sabe ouvir. Porque em sua bem-sucedida carreira de jornalista em revista feminina sempre acolheu generosamente leitoras ávidas por partilhar suas histórias. Dessa troca de experiências nasceu a ideia deste livro, tantas foram as mulheres que se queixaram da dificuldade de conciliar ascensão na carreira com sucesso no amor. "Um problema sem solução?", perguntavam elas. Claro que não. Joyce, afinal, é um completo exemplo de alguém que soube afinar e conduzir as duas bandas com maestria, como pude acompanhar nos dezesseis anos em que trabalhamos juntas e nos tornamos amigas fraternas.

Joyce ouviu as mulheres, mas também os especialistas, e balizou tudo com a mesma sensibilidade com que equilibrou seus muitos papéis. Joyce prova – na vida e no livro – que, sim, é perfeitamente possível combinar harmonia no amor e carreira de sucesso. E dá todos os passos para quem se dispõe a percorrer o caminho da felicidade.

Marcia Neder
Publisher
Editora Abril

Introdução

A maioria das mulheres hoje sofre com a ilusão de que precisa escolher entre uma carreira de sucesso e o amor. Como eu falei: pura ilusão. A verdadeira felicidade é não ter de fazer escolhas entre os alimentos da alma. A realização profissional tem papel essencial na vida moderna, claro. Mas abrir mão do amor é o mesmo que eliminar as cores da imensa tela de experiências que podemos pintar ao longo da jornada.

Então, declaro para todo o sempre: nós temos direito ao sucesso e ao amor. Aos dois. Este livro é sobre isso: como integrar o afeto às nossas ambições de mulher poderosa que, apesar de legítimas, sozinhas não preenchem nossa essência por completo.

Por mais bem-sucedidas e emancipadas que sejamos, o amor continua importante. Desejamos alguém que cuide de nós e que seja capaz de se comprometer. Mas será que desejamos isso conscientemente? Ou insistimos em homens que não são capazes nem de uma coisa nem de outra – somente para dispormos da desculpa perfeita para colocar 100% do nosso tempo e energia na carreira?

Como mulher e jornalista de revista feminina há 23 anos, tenho certeza de que a minha missão é incentivar outras mulheres a repensar continuamente sua vida amorosa e profissional, em busca de novos significados e combinações de cores.

Uso aqui minha experiência pessoal, meu acesso a fontes variadas, minha facilidade para juntar fatos e comportamentos expressos ao redor. E, assim, construir um mosaico de provocações para incentivá-la a fazer caber amor nos seus planos de sucesso.

Convido você a se questionar, se preocupar, se espantar, se incomodar só um pouco, evitando assim se acomodar na zona de conforto das suas conquistas no terreno fértil do trabalho, desistindo de lutar por vitórias também no do afeto. Vamos lá, guerreira!

Ok, essa é uma tarefa individual e intransferível, realizada por livre e espontânea vontade. Ou, sejamos honestas, por livre e espontânea pressão, circunstância, oportunidade. Então, escrever este livro para quê?

Este livro nasceu da minha angústia de ver a vida amorosa de tantas profissionais de ouro oxidando lenta ou abruptamente. Além de ler muito sobre o tema, tenho a oportunidade de comprovar esse problema todos os dias. Com leitoras, fontes, entrevistadas, colegas, chefes, famosas, parentes. Quantas dizem, por exemplo, que não vão se envolver, achando suficiente ter um amigo com direito a sexo casual – quando dispõem de um? Sabemos que, no fundo, não é bem assim.

Por isso, passei a reunir ideias que ajudassem mulheres com carreira sólida a refletir sobre o rumo que nós estamos tomando. Acho necessário, senão urgente, falar abertamente, sem vergonha de proclamar a necessidade que qualquer ser animal, especialmente o ser humano, tem de receber amor. E várias de minhas fontes jornalísticas toparam de primeira me ceder longas entrevistas, o que agregou a esta discussão.

Acredito que a vida é feita de boas perguntas! E eu fiz milhares delas nesses 23 anos de "revisteira", sempre com a intenção de dar minha cota de contribuição às mulheres. E, melhorando a vida das mulheres, melhora-se também a dos homens. Todos saem melhores do que antes – ou pelo menos deveria funcionar assim.

Que este livro seja útil a quem olha lá na frente e não quer imaginar-se daqui a dez anos, num sábado à noite, solitária, sem que seja *por vontade própria*; a quem está disposta a construir um amor para durar, mesmo trabalhando para ser a todo-poderosa dos negócios, a Oprah do *business* brasileiro, a referência de sucesso na sua profissão, a inspiração de inteligência, talento e garra para todas nós.

Aqui, vamos refletir sobre questões atuais, que tornam suas decisões tão complexas quanto corajosas. E traçar um novo caminho a partir de seis atitudes que, eu aposto, vão alavancar sua vida amorosa de maneira integrada à carreira. Prepare-se para transformar sua agenda e seu coração... para muito melhor!

1

Nosso maior desafio hoje

Alerta geral! Mais e mais mulheres estão deixando a felicidade amorosa de lado e apostando todas as suas fichas na carreira. Mais e mais mulheres brilhantes, estupendas, fascinantes admitem conviver com a solidão. Mais e mais mulheres vêm vestindo a armadura de "eu me basto" para esconder sua carência de afeto. Mais e mais mulheres acham que precisam escolher entre o coração e a razão, o parceiro ou o patrão, a realização pessoal ou a profissional, sua sexualidade ou um dinheirão bem seguro no banco.

É crescente o contingente de profissionais bem-sucedidas e donas de carreira promissora – a partir dos 30 anos, principalmente – com dificuldades para encontrar e manter um romance gratificante. O que mais se vê é casal sendo atropelado pela incapacidade de fortalecer laços, pela impaciência de construir juntos um futuro que reflita resultados positivos inclusive na carreira de cada um. É um tal de junta-separa que anda levando as mais cautelosas a nem tentarem.

Muitas até falam que querem se relacionar para valer entre quatro paredes, mas colocam tantas, tantas expectativas no amante ideal, a fim de minimizar os riscos, que ele deixa de ser de carne, osso e algum charme para virar um devaneio. E um medo enorme de investir num homem real toma conta daquelas que já provaram (e gostaram) do sucesso na carreira, temerosas de encarar o amargo gosto de um insucesso no amor. Fora a insegurança de expor sua vulnerabilidade por trás da trajetória profissional cada vez mais sólida.

Onde a objetividade impera já está dominado pelas poderosas de terninho e escarpim. No terreno da emoção brotam incertezas e a desesperança de que o homem, ex-provedor, consiga fazer contorcionismos comportamentais para tirar autoconfiança e capacidade de sedução de novas fontes, mais modernas e sofisticadas do que pôr comida dentro de casa. Afinal, a gente espera um pouco de encorajamento. Passamos o dia competindo com engravatados; então queremos alguém inspirador e mensageiro da paz para abraçar.

Sem dúvida, todas nós ganhamos muitas batalhas no âmbito profissional e mudamos definitivamente a correlação de forças com o sexo oposto. Só que, ao nos equipararmos ou até superarmos a ala masculina na educação e no mercado de trabalho, também provocamos profundas consequências na dinâmica dos relacionamentos. E agora? *Quantas de nós são inteligentes, charmosas, guerreiras e... solitárias! O desafio de cada uma – talvez o maior atualmente – é o de amar e ser amada.*

Verdade que temos de pagar um preço para realizar nossos ambiciosos objetivos. Mas aprendi que devemos topar um valor justo por aquilo que queremos. E abdicar de vida afetiva (e de um instinto natural chamado sexualidade) para ser exclusivamente a fulana da empresa tal me parece um preço caro demais.

Já vi várias executivas seguirem esse caminho estreito, de mão única, e só se importarem com os sentimentos não vividos em outras esferas, ou as relações pessoais esfaceladas, quando já não podiam dar um *replay* no tempo. E dá-lhe baixa autoestima, rosto fechado e dificuldade de se relacionar sem a escora do cartão de visita corporativo na mão. *Hello!*

Quais são seus sonhos?

Ok, ok, seria ingênua se negasse que encontrar esse "cúmplice", a cara-metade, o homem dos sonhos, o amor companheiro, está mais complicado. Mas, *se você acreditar que é impossível, nunca vai acontecer*. A diferença entre desejar e realizar está na ação que a pessoa emprega – na direção adequada. Cada um não é, senão, o que faz de si mesmo. E, ao que parece, até em sonho estamos com dificuldade de enxergar um palmo além do trabalho.

Só para dar um exemplo, participei da primeira fase do Movimento Habla, criado pela Editora Abril para estudar o comportamento feminino.[1] E a resposta das 200 mulheres entrevistadas no país todo para "quais são seus sonhos?" era sempre sobre carreira, carreira e carreira. Sem príncipes ou carruagens. O romantismo passou longe...

De fato, a busca pelo sucesso seduz as mulheres de tal modo, envolvendo-as numa aura de *glamour* e *status*, que há um risco grande de fecharem os olhos para os próprios valores e sonhos no âmbito privado. Tanto foco, dedicação e competência, impulsionados por uma garra que só pode vir do útero, acabam deixando a maioria com uma carga de trabalho pesada e sufocante e sem saber como avançar e se dar bem também no terreno amoroso.

Trabalho demais, homens perdidos, diversão beirando o nada, libido seriamente abalada – e, mais que tudo, isolamento e endurecimento das emoções em contrapartida ao tão cobiçado cargo na multinacional.

Claro, não vou generalizar. Também existem aquelas mais habilidosas em estabelecer um modelo de relacionamento a dois compatível à sua ambição profissional. São super-respeitadas no trabalho, dispõem de talento para enxergar algo valioso antes dos colegas... mas fazem questão de saborear um vinho a dois no fim de semana num bistrô gostoso ou na cozinha, enquanto preparam juntos um *penne al pomodoro*.

1. Mais informações das empresas nos sites: www.mindset.com.br e www.wgsn.com. (N.E.)

Observo os dois tipos de profissional e gosto mesmo sabe de quê? De rimar sucesso com amor.

No fim da linha é você e você

Bastam cinco minutos de conversa entre mulheres para esse dilema da balança descompensada vir à tona. Ele incomoda tanto porque falta um pedaço, dá um vazio, quando só se tem sucesso de um lado e insucesso de outro. E não foi diferente quando almocei com a psicóloga e especialista em gestão de marcas Cecília Russo Troiano,[2] que também investigou a questão. "A mulher já provou que sabe trabalhar, sabe cuidar de filho, sabe se cuidar etc. e tal. O grande desafio agora é como se relacionar com o sexo oposto. Porque há uma revisão absoluta dos papéis", comentou.

Se para nós é desafiador escolher um modelo que sirva confortavelmente, imagine para eles. É como se um *personal stylist* jogasse fora todas as roupas masculinas e fosse embora sem indicar o que vestir no lugar. Já imaginou?

"Não fomos treinados para lidar com esse novo tipo de mulher", admitiu o assessor de imprensa de Cecília, José Luiz. "A gente simplesmente não sabe como se comportar, como agradar; a maioria não sabe." Ainda por cima, a ala feminina bem instruída e interessada em progredir na carreira dificulta as coisas ao posicionar a barra de exigências lá em cima.

Eles tinham uma série de outras coisas a cumprir, para as quais foram preparados, como ser forte e prover a casa. "Tiraram isso da gente, e sobrou o quê? Só louça para lavar? Quantos lares, e vocês sabem disso melhor do que eu, são dirigidos por mulheres? *O cara fica se perguntando: E agora?!* Vocês são *tão* superiores! É duro, mas estou falando a verdade", continuou o corajoso José.

Veja que o sentimento que paira em ambos os lados pode ser definido por esta palavra-chave: descompasso. Conseguimos, profissionalmente, chegar lá, fazer benfeito. Claro, contamos com o empenho de uma geração anterior, que preparou o terreno, e as

---

2. Cecília Russo Troiano é diretora-geral do Grupo Troiano de Branding. (N.E.)

mais jovens só materializaram as conquistas. Já nos relacionamentos, a sensação é de estarmos patinando. O trabalho ocupou um espaço gigante. Cabe a cada uma reavaliar as próprias prioridades, evitando adiar esse convite individual e intransferível.

É uma reavaliação complexa porque as empresas também estão consumindo demais o nosso tempo, a nossa energia, a nossa alma, e se a gente não abrir os olhos... No fim da linha, sobrará você e você. O emprego vai passar.

E quem não tem patrão? Vive às voltas com clientes exigentes, funcionários esperando o salário no fim do mês, um negócio para manter em pé. Ou seja, o desgaste também é grande. Cecília conta: "Você acha que, por ser dona, manda, mas, na prática, você não controla nem reunião com cliente. Não posso dizer: 'vamos mais rápido porque preciso comprar um presente para alguém que eu amo'. Se eu não aproveitar uns minutinhos logo depois do almoço, não conseguirei mais."

Vontade de conciliar

Prioridade é uma palavra realmente importante nesta conversa. Já entrevistei mulheres autossuficientes, muito mais interessadas em marcar seu lugar no mundo com a profissão escolhida do que em ter um par fixo, aliança, filhos. Para essas, a solteirice não é uma fase transitória: aprenderam a dar conta de si mesmas, focaram em projetos que excluem formar família e se dizem satisfeitas assim.

Porém, é muito mais comum eu entrevistar profissionais que também gostariam de praticar o verbo amar, mas não estão conseguindo. Elas têm uma visão clara do que desejam para a carreira, mas nublada sobre o que podem oferecer a um parceiro e receber dele, com profissão que brilha enquanto o romance empalidece. É com esse segundo grupo, infinitamente mais numeroso que o primeiro, aquele autossuficiente, que quero conversar.

Passei os últimos 23 anos estudando *o que faz um romance subir degraus – e passar de "vou ficando" para "agora é para valer".* E sei mais do que ninguém que o que serve para um não se encaixa tão bem para outro (não me custa reconhecer o óbvio). Mas resolvi responder às perguntas que certamente uma porção de mulheres enlouquecidas com o trabalho quer saber: será que dá para conciliar uma carreira de sucesso com um relacionamento satisfatório, pleno? Será possível fechar essa conta sem que se precise desistir da carreira ou da vida afetiva? Detalhe: sem enlouquecer no caminho?

A minha batuta é o que concluí depois de tanto investigar o que passa pela cabeça, pelo coração e por dentro da roupa íntima de homens e mulheres. Além disso, estou casada desde 1996 e, ok, vou abrir um pouco da minha intimidade para embasar o que você lerá a seguir.

Tenho um marido especial, um relacionamento maduro e de muita cumplicidade e um filho adorável, e tudo isso me faz muito feliz, tanto quanto a carreira me realiza e a minha ambição profissional me impulsiona a querer mais. *Desejo essas sensações múltiplas, que definem quem eu sou e o que estou construindo, a outras mulheres também.* Objetivo fácil? Não mesmo. Se fosse, eu nem teria tanto o que contar e discutir nas próximas páginas.

2

Nunca foi tão bom (e tão difícil) ser mulher

Em primeiríssima mão! Um estudioso dos bons descobriu a cura para todas as dores de amor e, ainda, um antídoto contra o machismo. Aposto que você adoraria ler essa notícia. Agora imagine que bom seria se alguém decretasse que cada ideia implantada na empresa vale um aumento (ou, para quem não segue carreira corporativa, que a clientela vai ser fiel); e que marcar hora na agenda para o cabeleireiro e a drenagem linfática não é coisa de mulherzinha, não – o chefe tem de compreender e a colega de mesa não precisa morder as unhas de inveja do ótimo resultado para sua autoestima.

Mais boas-novas: *beijar queimaria mais calorias que qualquer exercício físico* e ainda deixaria os dentes bem brancos. Dar um fora em uma namorada incrível passaria a ser crime inafiançável, e enganar a mulher amada, então, implicaria até prisão perpétua. A partir de agora, bem que podia ser obrigatório, depois do expediente, namorar muito e/ou muitos (melhor experimentar antes para não se arrepender depois, só não *todos* ao mesmo tempo, minha cara!). Assim como seria proibido discriminar a alta, a baixa, a magrela, a cheinha, a tatuada, a crespinha.

Acabou a pressão no trabalho, a cobrança dos pais, a puxada de tapete das concorrentes, a dificuldade de segurar o dinheiro na carteira. Zero *stress*, zero assalto a carro de mulher desacompanhada, zero TPM. Dez homens interessantes para cada mulher, e todos bem-educados para elogiar, apoiar, aplaudir, valorizar, oferecer carinho e orgasmos múltiplos àquelas que trabalham tanto para o Brasil crescer.

Nossa, como eu gostaria de estar falando sério! E poder pintar a vida das mulheres de um tom bem cor-de-rosinha (usado na maioria dos sites e blogs femininos... veja que ironia!). A realidade feminina atual está mais para festival de cores, que se alternam a cada hora, lugar e rodada de baiana, sendo que anda faltando nesse arco-íris, depois da tempestade, o vermelho... paixão.

Vão do roxo, quando explode uma notícia-bomba no mercado de ações, ao lilás relaxante, num banho seguido do ritual de criar camadas de cremes sobrepostas na pele. A coisa fica preta instantes antes da abertura do resultado do exame de mamas ou de sangue (ai, e se não estiver tudo bem?) adiado há tempos, passando pela cor laranja quando a gente consegue largar o mouse para ir ao *happy hour* com as amigas de fé e fofocar sobre as ausentes.

Nem em conto de fadas a gente relaxa

Olha que sintomático! Até a Disney está atualizando certos enredos para acompanhar a nova realidade das heroínas. Veja o caso de Rapunzel, a moça frágil de cabelos fortes trancada numa torre à espera do príncipe valente e provedor para resgatá-la. Na recente animação *Enrolados*, ela dá de cara com um bandido incrivelmente atraente (mas ainda assim ban-di-do) e o chantageia a fim de conseguir a própria liberdade. "Para esse mundo que eu quero descer", diria uma amiga que ainda acredita em príncipes...

Não vou dourar a pílula: a impressão que se tem é de que está bem mais fácil superar as crises da empresa, do petróleo, do euro, que as do campo amoroso. Quer dizer que é sorte na carreira, azar no amor? Num dado momento do filme *O diabo veste Prada*, insinua-se que sim. Socorro! Alguém precisa avisar que é possível desafiar tal decreto, se rebelar contra essa Escolha de Sofia.

Ficar só com o que é fácil não combina com o DNA feminino, concorda? Amar de fato assusta porque envolve sentimentos e entrega recíproca, num desafio sem fórmula de sucesso testada e aprovada, sem *benchmarking* (cada caso é único, lembra?). *Um mergulho no escuro, com riscos.*

Ao mesmo tempo, trata-se de uma excitante e estimulante aventura que bota um sabor único na vida, incomparável ao das metas profissionais batidas – embora o segundo também seja bem gostoso, eu admito.

Poder como afrodisíaco

Hoje, o que não falta à maioria das mentes femininas são planos ambiciosos para a carreira. Escalar cargos como um foguete, ter os melhores funcionários e clientes, lançar ideias revolucionárias, conquistar o devido reconhecimento – trazendo, no pacote, direitos iguais de salários e oportunidades com os homens. E coitadinhos dos homens, que só perdem o pé dessa disputa de gêneros. *É que na hora do aperto, as guerreiras de batom dão mais duro,* se empenham mais – defendeu uma cabeça da ONG americana Catalyst,[3] que acompanha nossos avanços no mercado de trabalho.

E, quem diria, a conversa já chegou ao estádio de futebol... Sabia que os técnicos foram mal na Copa do Mundo de 2010 porque se comportaram como... homens? "Se agissem mais como mulheres, sendo consensuais e atenciosos, eles poderiam ter convencido os jogadores a chutar a bola para o fundo da rede com mais frequência", dizia o e-mail de uma empresa de consulto-

3. Organização não governamental voltada à expansão das oportunidades femininas no mercado de trabalho norte-americano e europeu. Mais informações no site da organização: www.catalyst.org. (N.E.)

res administrativos enviado à colunista do *Financial Times*, Lucy Kellaway, com o qual ela obviamente não concorda e deixa claro em uma de suas colunas publicadas no jornal *Valor Econômico*.[4]

O curioso é que a audiência feminina no Brasil cresceu 14% no total de tevês ligadas num canal de esportes durante os dez primeiros dias dessa Copa do Mundo em comparação à anterior, em 2006. Além disso, a mulherada marcou presença (55% do total) na estreia da seleção canarinho contra a Coreia do Norte. Olhando para esses números, começo a achar que a craque Marta tem excelentes chances de bater um bolão como nossa técnica em 2014. Já pensou?

Até a ONU quer recrutar mais mulheres por achar que nossas habilidades sociais fazem a diferença nas missões de paz. E acreditamos que faz mesmo. Não há mais como duvidar de que evoluímos, cavamos espaço e queremos mais. Para isso...

Nossa escalada começa com uma fortíssima dedicação aos estudos. A Síntese de Indicadores Sociais do IBGE comprova que as classes estão abarrotadas de alunas, ultrapassando a quantidade de alunos. *Temos tanta sede de sucesso...* inicialmente alimentada pelo pensamento de ganhar o mínimo para saldar as contas, não é?

Depois, ganhar para ter mais conforto e roupas novas, daí ganhar para bancar também certos luxos e roupas mais caras ainda, ganhar para dizer com orgulho "Eu sou uma mulher independente!"; mais adiante, continuar ganhando para, se possível, matar as amigas e a concorrência de inveja... até alcançarmos o *status* de ganhar o que merecemos. Ufa!

E aqui não estou falando somente de dinheiro. O grande afrodisíaco nos dias de hoje (quando *ser* e *estar* importam menos que *parecer*) é ganhar p-o-d-e-r. A *modéstia só está sendo valorizada no céu, minha cara*. Conto nos dedos – eu e o Giorgio Armani, conforme declarou em entrevistas – as mulheres que não sonham em se sentir poderosas.

4. Os artigos de Lucy Kellaway são publicados na coluna "Eu & Carreira" do jornal *Valor Econômico*. (N.E.)

E tem um detalhe: o verbo, conjugado de manhã à noite, é muito mais estimulante que o substantivo. As mulheres querem *poder* muitas coisas... É ação sem trégua. É fazer e acontecer. Depois correr para os aplausos. Melhor ainda é correr para os braços fortes de alguém.

Amor sólido em vez de líquido

Um dos efeitos colaterais de viver como protagonista de filme de ação aparece nessa moda de amores líquidos, descartáveis, alertada com maestria pelo sociólogo polonês Zygmunt Bauman, um defensor ferrenho dos relacionamentos como o único jogo que vale a pena, apesar de seus óbvios riscos. O sucesso pode nos tornar arrogantes por fora, medrosos por dentro e mais interessados em prazeres imediatos do que em esforços prolongados. *Só que sem coragem e humildade não há possibilidade de amor verdadeiro e duradouro.*

Entre muitos casais formados mais recentemente, a gente vê pouca tolerância à dor, pouco conhecimento sobre quem é o outro e pouca curiosidade em perguntar, questionar, refletir, tentar maneiras diferentes de fazer as coisas. Mas alegando tanto amor! Daí, diante do primeiro obstáculo, dá-lhe separação. Se for famoso, então... Será que cresceram sem conhecer a palavra frustração? Será que cresceram com pouca prática na criação de vínculos?

Vários fogem de assumir compromisso, primo-irmão da responsabilidade. É como querer o bolo, mas comer apenas a cobertura e depois afastar o prato. Felizmente, de um jeito ou de outro, a maturidade vem, mas tomara que não seja somente depois de vários relacionamentos fracassados.

Homens fogem também quando não se sentem à altura de bancar essa mulher *tão, tão, tão* tanta coisa junto. "Percebo que muitos têm receio de se aproximar de mim e acho que não posso culpá-los, porque é difícil me dobrar", me disse uma leitora de perfil rojão profissional. E por que as mulheres que se mostram cheias de atitude, audaciosas, determinadas, sexy de matar, bem informadas... parecem assustar tanto os homens?

Uma das maiores queixas masculinas: estamos mandonas. E não tiro a razão deles. Para não sermos passadas para trás em cargos e salários, adotamos um avatar durão. O problema é que temos dificuldade em deixá-lo dormindo no escritório, nos desconectar dele, antes de irmos embora. A mulher precisa empinar o nariz, erguer os ombros e botar tanta energia para se impor diante de chefes, clientes e subordinados que entra em casa e nem percebe que chegou. Fala com excesso de autoridade no elevador "Quinto andar, por favor", quando o vizinho leva o dedo ao painel dos andares para gentilmente apertar o número 5... E ai do distinto senhor se apertar o errado.

Claro que a nossa vida não gira só em torno do Clube do Bolinha. Somos mulheres modernas, proativas, com sonhos e interesses para cultivar, amigas para cuidar, família para dar e receber colo... Mas quer saber? A maioria de nós consegue manter-se sozinha por um tempo sem necessariamente se sentir solitária e infeliz. *Por um tempo*. Aliás, estique o seu elástico emocional e responda: por quanto tempo *você* conseguiria?

Mais que um lanchinho na madrugada

Já perdi a conta de quantas moças de 29 anos entrevistei e admitiram experimentar um abalo sísmico pela chegada dos 30, vivendo exatamente este conflito interno: como estar em um relacionamento muito além de um "lanchinho na madrugada" sem abrir mão de toda a independência conquistada à custa de muitas aulas particulares de matemática, informática, inglês... Gastronomia? Só se for por *hobby*.

Elas gostariam de se gabar de fazer parte da geração *Sex and the city*. Essa que liberou de vez a ala feminina para dissociar sexo de amor, dar as cartas na relação com os homens, usufruir os benefícios da autonomia feminina e praticar o desapego emocional, ao menos de vez em quando, em nome do prazer casual.

Mas estão pensando que toda essa evolução, simbolizada por Carrie e sua trupe, é para o bem e para o mal; boa e ruim.

Afinal, são donas do próprio nariz, com a carreira bem encaminhada e tiveram passe livre da mãe para mudar de ideia quando quisessem. Curtem sair com as amigas, gargalhar até altas horas, viajar sem dar maiores satisfações, mas se sentem agora madurinhas da silva para encarar um compromisso sério. E cadê alguém na mesma sintonia? Diz?

Bem que essas mulheres de pouca fé procuram, mas têm a sensação de que os homens ainda preferem as sonsas: que fazem o gênero "mulherzinha" e dramatizam tanto os problemas que só faltam convocar o Exército da Salvação. Cruzes! Esse papel de ratinha assustada não combina nada com seu jeito guerreiro e batalhador.

Curioso é que, por volta dos 18 anos, muitas dessas moças listavam uma porção de atributos do homem dos sonhos. Para aumentar a oferta, várias foram reduzindo as exigências com o passar dos anos e até topam prover o eleito de casa, comida e roupa lavada, numa inversão de papéis que julgam melhor que a solidão.

Claro, não são todas. Há uma boa parcela de solteiras bem-sucedidas que ficou mais exigente. Pudera, elas investiram tanto no conhecimento, na aparência e em terapia que não aceitam se relacionar com um Zé Mané só para a família parar com a ansiedade de achar que ficaram para titias.

Orgulho e preconceitos

Existem ainda as que simplesmente sufocaram a vontade de dividir a pipoca, a pizza e a cama com alguém, colocando sua energia exclusivamente no trabalho (as *workaholics*), o que implica abrir mão da maternidade. Que decisão difícil! E uma das razões para ser tão radical pode ser esta: ter visto a mãe, que escolheu se aprimorar em pilotar fogão, ferro e máquina de lavar, acabar descartada da vida do marido (que bastou engolir a pílula azul para esticar os olhos na direção das mais jovens e siliconadas). Também viu esse filme?

Regina Martins, consultora sênior de *assessment*[5] da Right Management e autora da tese de doutorado *Mulheres executivas: ascensão e obstáculos nas organizações*, reforça que a maternidade é um ponto crítico. Há grande ansiedade, culpa, preocupação em relação a como cuidar de uma família e da carreira ao mesmo tempo. Do outro lado, as empresas pressionando e temendo investir em alguém que terá outra prioridade no futuro, dando tchau a elas.

Regina colheu o depoimento de uma recém-contratada que escutou do diretor: "Mas você é solteira; então, vai querer se casar. Pretende ter filhos?". Ela respondeu: "Eu pretendo, mas não vou abandonar a minha carreira, pode ficar sossegado."

Além disso, *a mulher precisa mostrar o triplo da competência e dos estudos de um homem, ser tão evidentemente melhor, senão não é alçada ao topo*. Ser super, ultra, mega... E aceitar trabalhar 13, 14 horas diárias para merecer a confiança do patrão. Nas palavras da consultora sênior: "Um colega meio incompetente assume uma posição que ela, se for meio incompetente, não consegue. Estamos no mercado de trabalho, mas não em pé de igualdade. E se busca equidade".

A energia fica dividida

O mais injusto dessa história é que, se as regras não mudarem dentro das empresas, as mulheres nunca vão quebrar a hegemonia masculina nos altos escalões, por mais que sacrifiquem cada precioso minuto da sua vida pessoal, na vertical e na horizontal.

"Como jornalista, já vi ocorrer o fenômeno com muitas entrevistadas: chegam até ali, na boca do poder, e não conseguem ir até o fim", confirma Inês Godinho, uma das colegas de profissão que mais me impressionam pela sua facilidade de enxergar o futuro.

---

5. *Assessment*: modelo de avaliação individual ou de equipes de profissionais que visa minimizar a subjetividade nas promoções. É geralmente aplicado em processos de recrutamento interno ou externo de gestores, diretores e em outras funções estratégicas para a empresa. (N.E.)

Uma de nossas teorias para explicar por que tantas mulheres não conseguem integrar amor a uma carreira de sucesso é esta: ambas exigem o mesmo tipo de energia. Se a gente aumenta a intensidade para um lado, anula a do outro.

Mesmo eles não conseguem, não é? Homens focados na carreira já responderam em pesquisas que o trabalho é mais importante do que a mulher e os filhos. E não hesitariam em sacrificá-los para garantir o cargo. Radical demais? Mulheres, principalmente as mais jovens e solteiras, também afirmam que ficam sem namorado, mas sem o trabalho, jamais.

Pensando bem, que caso de amor sobrevive a jornadas de até 14 horas diárias, fins de semana dedicados a projetos estratégicos, encontros cancelados por causa de reuniões-bomba inesperadas, duas semanas por mês viajando? Imagine uma vida inteira assim... Passar por isso de vez em quando e com prazo estabelecido é uma coisa. Viver de forma crônica nesse ritmo é o problema.

Agora, quem tem coragem de mudar? Quem *quer* mudar? As empresas estão interessadas em um tipo de dedicação de altos executivos em que não cabem desejos, necessidades e problemas pessoais. "E aí, para suprir a eterna carência, contratam consultores independentes que não costumam viver assim. Não é engraçado?", completa Inês.

Parece que todos temos a mesma profissão: bombeiros, sempre a apagar incêndios. Isso me faz lembrar uma leitora que trabalhava numa empresa supercompetitiva. Ela e toda a equipe passavam 12 horas por dia apagando incêndios e, no final, eram cobradas por não ter pensamento estratégico. Como?! Nem conseguiam pensar no que iam jantar...

Mas não dá para colocar a culpa toda nas empresas. O problema maior é da gente com a gente mesmo, enquanto escolhemos sacrificar tanto a vida pessoal.

Filhos não são lasanha congelada

Uma das escolhas decisivas é refletida nesta cena: o médico usando todo o seu poder de persuasão para fazer as pacientes entenderem que o relógio biológico não espera os compromissos empresariais. Pois esse tipo de diálogo já é frequente na sala dos ginecologistas, mais preocupados com o cronômetro da fertilidade do que a própria futura mãe.

"A mulher tem discernimento suficiente para separar a vida afetiva da profissional, se quiser – já o homem confunde tudo (e muito)", comparou o ginecologista Wagner Busato, especialista em medicina reprodutiva. "Mesmo assim, quantas manifestam o desejo de ser mãe, mas adiam, adiam para não sei quando. Por várias vezes me vejo no papel de convencer pacientes a arranjar espaço na agenda e na vida para inserir a gravidez." E, queiram ou não, são decisões que definirão qual futuro irá colher.

Outra evidência da loucura que virou a cabeça das mulheres que supervalorizam a carreira em detrimento de seus outros desejos diz respeito a uma possibilidade fantástica chamada congelamento de óvulos. A técnica deveria favorecer pacientes diagnosticadas com câncer, que protegem seus futuros filhos da pesada quimioterapia. No entanto, atrai mulheres saudáveis, conforme estudos apresentados na 26ª reunião anual da Sociedade Europeia de Reprodução Humana e Embriologia. Adivinha por quê?

No primeiro estudo, com 200 universitárias na Grã-Bretanha, *oito em cada dez estudantes de Medicina considerariam congelar seus óvulos para se concentrar na carreira*. No segundo, uma psicóloga de Bruxelas investigou 15 mulheres com pouco mais de 38 anos, alto grau de instrução e poder aquisitivo, e confirmou a tendência nessa faixa etária de optar pelo congelamento enquanto procura o parceiro ideal, o príncipe encantado. Depois que priorizaram os interesses individuais, o relógio biológico grita, o desejo de ser mãe é uma urgência... mas cadê o pai? Está encantado mesmo.

Eu me pergunto se elas têm a real noção do que estão falando, se conhecem tanto os benefícios quanto as limitações. O ginecologista Joji Ueno, que acompanhou o evento, também defende que haja maior esclarecimento. Ele reforça que existe a crença de tratar-se de uma grande facilidade, o que é irreal. Porém, somos influenciadas pelo lema da nossa sociedade: criamos necessidades, vendemos soluções.

Eu não criei uma necessidade, eu tive. Por não conseguir engravidar naturalmente – a endometriose, doença conhecida como o mal da mulher moderna, havia entupido e danificado minhas trompas – recorri à fertilização *in vitro*, a popular proveta. Por duas semanas, apliquei – eu mesma – 40 injeções de hormônio em minha barriga e coxas para estimular meus ovários a trabalhar mais. Fui sedada para a retirada de 30 óvulos. Meus ovários pesavam tanto que parecia que eu carregava um mamão de cada lado quando andava. A clínica selecionou 12, eu doei os outros.

Depois de fecundados no laboratório, sete vingaram, virando embriões. Durante os três dias de preparação "fortificante", cinco se mantiveram vivos, que foram implantados no meu útero. Tenho um filho. Ou seja, produzi 30 óvulos para, no fim das contas, ser mãe de filho único. E poderia não ter tido nenhum, depois desse esforço todo. Lembro de o meu médico, minutos depois da implantação dos embriões dentro do meu corpo, dizer: "Joyce, fomos até onde era possível. Agora é com a natureza."

No meu caso, era infértil. Mas, pensando em quem é saudável, não seria mais negócio abrir um espaço na agenda para também encontrar e amar um pai, depois ter um filho com ele sem esse desgaste triplo (emocional, ui!, físico, ui! ui!, e financeiro, põe ui! nisso)? Porque congelar óvulos sairá caro demais se a expectativa não for atendida. Não se descongelam filhos como se descongela lasanha de supermercado. Nem dá para "abandoná-los" num laboratório se mudar de ideia.

As expectativas foram à lua

É... nunca foi tão bom (e tão difícil) ser mulher. Só até aqui toquei em vários pontos que tornaram a vida da mulher de hoje muito mais complexa: o desejo de não reproduzir o modelo da mãe, a dificuldade de entender o que os homens querem, a pressão da empresa para morrer de trabalhar e a da sociedade para subir ao altar e ser mãe (de primeira classe, por favor!), a nova configuração de papéis no relacionamento no que se refere ao dinheiro e às tarefas domésticas, a luta para preservar a independência e alcançar o Olimpo do mundo dos negócios sem perder a feminilidade, o individualismo do século XXI refletido na fuga de intimidade.

Reflexo visível: as camas andam mais vazias, e a libido em maus lençóis. Sem falar da energia do sexo transferida não só para o trabalho como para outros exageros que nos deixam de queixo caído: na atividade física, no álcool e, principalmente, com a estética.

Quantos desafios, quanta complicação, *quanta expectativa (sinônimo* light *para pressão interna e/ou externa) na vida de uma mulher moderna!* "Pretendo ser vitoriosa, mas não supermulher", "Quero papear com as amigas, não dá para só trabalhar, comer, dormir", "Meu dia a dia exige um ritmo sem pausa, mas eu adoraria desacelerar um tantinho *ó* e poder namorar"... Já ouvi às pampas de mulheres que entrevistei.

Fazemos malabarismos dignos de um novo sobrenome: Du Soleil.[6] Entretanto, muitas de nós são como uma Ferrari dirigida por uma garotinha. O mundo se relaciona com o carrão, enquanto a mulher lá dentro quer ser vista, compreendida e amada. Quem se habilita?

Vivemos uma revolução silenciosa

Uma pesquisa de 2009 para identificar nossa maior fonte estressora mostrou que para 31% das mulheres a vida privada é a maior responsável, enquanto para 69%, a profissional. Isso significa que a carreira vem interferindo no campo pessoal muito mais do que deveria. Ana Maria Rossi, presidente do International Stress Management Association (ISMA-BR), autora do estudo, também acha isso. Só que a maioria das mulheres não consegue nem conversar sobre o assunto.

Vivemos uma revolução silenciosa. Ela é diferente da anterior, superbarulhenta, com sutiãs queimados em praça pública e tudo, quando a briga era generalizada, coletiva, em prol da liberdade, do respeito e de espaço no mercado de trabalho. Um desabafo explícito num momento essencial para a nossa evolução. Valeu!

---

6. A autora se refere ao Cirque Du Soleil. (N.E.)

Mas hoje botar fogo em sutiãs só vai é diminuir nosso guarda-roupa. Adeus rendas, aros, cetim... O ato altruísta não funcionaria do mesmo modo porque a revolução de agora é individual, segundo a socióloga e publicitária Celia Belem.[7] Berrar o quê?

"Quero ser a presidente da empresa, mas me deixem ao menos escapar para fazer as unhas...", "Sim, tenho dinheiro para rachar a conta no primeiro encontro, mas será que não existe mais homem gentil neste planeta?", "Dá para acabar com a hipocrisia de que somente os machos têm direito a sexo casual?" Ou, ainda, reclamar "Estou exausta, não aguento tanta pressão..." e dar meia-volta para casa? Quem é doida de fazer isso?

Cabe a cada mulher ganhar consciência do que a fará feliz, e correr atrás (incluindo ter mais clareza sobre o que quer do homem e da relação a construir). E aí não posso deixar de pôr holofote no grande obstáculo dessa história: por ser silenciosa, tal revolução passa bem mais despercebida do que se fosse barulhenta, mesmo porque continuamos a matar um leão por dia (isso quando o bicho não morre e no dia seguinte traz amigos); a segurar vários "pratos" ao mesmo tempo; a correr de um lado para o outro parecendo maratonistas, mesmo reclamando de pouca vida pessoal. Daí, *a insatisfação explode nas situações mais privadas*. Talvez no quarto, com o potencial homem dos sonhos. E aí... babau, relacionamento afetivo!

Dá até para desconfiar de que a situação que vivemos hoje seja fruto de uma geração que lutou por seu lugar na sociedade, por sua independência, mas sem saber exatamente o que faria com tudo isso... Quantas de nós foram educadas ouvindo da mãe: "Você tem de trabalhar, estudar, ganhar seu dinheiro, comprar o carro e a casa própria, conhecer o mundo e não depender de homem nenhum"?

Com o passar dos anos, tudo isso conquistado, várias se sentem livres de um lado e presas de outro, à solteirice. Pensam: com o feminismo, o que nós ganhamos foi o direito de enlouquecer de

7. Celia Belem é proprietária da empresa Arquitetura do Conhecimento. Mais informações no site: http://celiabelem.com.br. (N.E.)

tanto trabalhar e viver aos trancos e barrancos todo o resto que couber nas raras horas livres?

Não, nenhuma de nós quer extinguir as conquistas herdadas. Basta nos imaginarmos por um minuto sem elas para batermos a mão na boca três vezes. No entanto, toda escolha exige renúncias. Hoje, a balança das mulheres, assim como a dos homens, pende para o trabalho. *E o que muita gente quer é equilibrar com o lado afetivo.*

A balança enlouqueceu

Confesso que acho utopia perseguir o equilíbrio perfeito, *fifty-fifty*. Eu mesma não consigo dar sempre 50% de atenção para cada lado. Mas fico esperta para não enlouquecer a minha balança e deixá-la tão desproporcional, pesando muito e constantemente para o lado profissional. Em vez de 50%-50%, penso em dar sempre 100% onde estiver. Estou totalmente em casa quando meu filho queima de febre ou totalmente na revista quando coordeno uma reportagem especial.

A verdade é que arregacei as mangas aos 14 anos (fui professora de balé até concluir o curso de jornalismo) e desde então o trabalho sempre me empolgou *muito*. Então, é um desafio diário me lembrar de que tenho marido, filho, pais, irmãos, gato, amigos. Um lar que me acolhe, uma cama quente para deitar (bem acompanhada!), um montão de afetos a preservar, um menino lindo que eu gerei e que ocupou meu coração. Se eu não cuidar também dos meus outros tesouros além da carreira, quem fará isso por mim?

Como não deixar a balança descambar de vez para o lado profissional, anulando o pessoal? Como abrir os olhos para colocar o máximo de qualidade na pouca quantidade de tempo e energia que o mercado de trabalho competitivo de hoje nos permite?

Vamos esmiuçar o que seria essa qualidade nos próximos capítulos. Uma dica: ela passa pela decisão de escapar de se tornar uma ilha de poder e sucesso. Se você não quer ficar ilhada, sem vida própria, sem outros tesouros a usufruir, venha comigo atravessar a ponte.

3

Você não precisa tornar-se uma ilha

Ok, as batalhas femininas de hoje podem não ser tão "macias" como a massa do melhor bolo do mundo, mas você há de convir que ganharam um sabor inconfundível no que se refere ao amor. Afinal, gerações de mulheres antes de nós lutaram para que as relações afetivas insatisfatórias pudessem se dissolver, abrindo novas chances para a felicidade. E você está sabendo ser feliz? Sendo mais específica: está sabendo fazer seu coração feliz? Ou tem a ilusão de que vai cuidar disso só depois de ser bem recebida na presidência da empresa? Minhas perguntas soam clichê, no entanto, estão na ordem do dia, a ponto de virar tema de documentário de um dos *designers* mais badalados do mundo, o austríaco Stefan Sagmeister, que também defende a tese de sermos felizes e amados *enquanto* vamos trabalhando.

Quem viver verá *The happy film* [O filme feliz]. Se quiser ir mais fundo, uma pesquisa rápida num site de buscas traz mais de 7 milhões de remissões para esse estado de espírito. E encontrei numa livraria virtual uns 4 mil títulos a respeito, reforçando que o equilíbrio entre os interesses na vida é determinante para o bem-estar.

E quer mais uma prova de que precisamos, *todos*, rever nossa balança vida pessoal *versus* carreira? Nasceu um novo índice de prosperidade da sociedade, o FIB (Felicidade Interna Bruta).[8] O Brasil até foi escolhido para sediar a quinta conferência internacional sobre essa medida que valoriza o bem-estar psicológico, o acesso à cultura e à saúde e o uso equilibrado do tempo, entre as nove dimensões da felicidade humana.

É como música aos nossos ouvidos atordoados com tantos ruídos desconexos e rudes, não é mesmo? É como um afago em nossa alma. E levando-se em consideração que passamos mais horas no trabalho do que em qualquer outro lugar ou fazendo qualquer outra coisa, alguma dose de felicidade precisa nos acompanhar. Ou vamos ficar piradinhas, daquelas que espalham medo ou dó – se você não cruza com gente assim na sua empresa, pode espalhar seu endereço de e-mail para receber currículos!

Estamos de acordo que a felicidade plena é humanamente impossível. Perseguir esse delírio anda deixando muita gente viciada em pílulas. Mas dá para aumentar no dia a dia os instantes dessa sensação tão boa, sem ajuda química. Aqueles que conseguem, segundo pesquisas, são os que procuram se conhecer bem, encaram mudanças e negociam suas vontades. Que ótimo estar nesse grupo!

Gosto especialmente do último ponto em comum, o de negociar as próprias vontades. Mas olha só como os outros se entrelaçam: *para eu saber quais são minhas vontades nos planos profissional e afetivo, preciso me conhecer a fundo* (o tão necessário autoconhecimento) e agir diante dos desafios e dificuldades como uma mulher de atitude, e não uma garotinha desnorteada. Se eu não defender com unhas e dentes o que quero, quem vai fazer isso por mim? E se eu quiser dividir com um parceiro as minhas vitórias, a primeira providência é não ter vergonha

8. Veja mais em www.felicidadeinternabruta.org.br. (N.E.)

de admitir. Para ser moderna, a mulher necessita ser autossuficiente? Mentira da grossa.

Calor humano e beijo roubado

Quando conseguir sua próxima vitória, você tem todo o meu apoio para buscar uma companhia para comemorar. Na minha última promoção, reservei quarto num *flat*, decorei com velas, véus, pétalas de rosas vermelhas e fui celebrar com meu marido, sem medo de ser feliz. Quando contei a amigas, ouvi de algumas: "Aí que preguiça!" Coincidência ou não, são as mesmas que reclamam de tédio na vida e parecem fio desencapado na TPM.

Não estou sozinha nessa. Milhares de turistas que passaram pela Times Square, em Nova York, puderam recriar essa imagem de "espontânea felicidade" ao imitar o famoso selar de lábios de um marinheiro com a enfermeira celebrando o fim da Segunda Guerra Mundial. Isso aconteceu diante de uma estátua de mais de 8 metros de altura, linda, homenageando a cena. Adorei ver fotos e vídeos de tantos casais se beijando na Times Square ao mesmo tempo. A ideia: que, assim como foi há seis décadas, milhares de pessoas, ao vivo ou virtualmente, revivam momentos de comunhão.

Convite tão inspirador quanto o beijo na tevê, para o mundo inteiro ver, do goleiro da Espanha, Casillas, na repórter-namorada, Sara Carbonero. Aconteceu minutos depois da conquista da Copa do Mundo. Aposto que derreteu as mulheres com sangue nas veias. Eu pelo menos senti inveja! A mesma invejinha boa que sinto quando cruzo com casais se beijando na escada rolante. Quem não gosta de carinho espontâneo ou é ruim da cabeça ou doente pela carreira.

E olha que tem pesquisadores criando roupa capaz de detectar alterações emocionais e disparar mensagens de conforto para aliviar a solidão. Atende pelo nome *wearable absence* (algo como "vazio para vestir"). Resolve sua vida ganhar uma jaqueta "interativa" para acolher sua tristeza? Boa alternativa a quem tem preguiça como aquelas amigas de que falei? Ainda prefiro calor humano e beijo roubado.

Novos contatos num clique

Fala-se muito que o computador vai à mão contrária do calor humano, que ele está afastando as pessoas. Prefiro pensar que a internet pode ser muito útil para nos conectar a outros interessados em nadar contra a maré da acomodação. Entretanto, assim que me cadastrei no Facebook, fiquei com medo. Em cinco minutos o mundo queria ser meu amigo. Até quem passava do meu lado no corredor da empresa e nem olhava na minha cara. Todos estão loucos?!

Pensei em deletar meu perfil horas depois. E cometi a indelicadeza de ignorar alguns pedidos de amizade. Mas aos poucos fui me acostumando. E vejo muita gente extravasando seu afeto nos recadinhos, no compartilhamento de fotos, nos desabafos. Quantas mensagens de força eu recebi quando comentei que estava escrevendo este livro! Muito bom. Anima.

A propósito, foi fuçando na internet que descobri um movimento que propõe ambientes profissionais mais agradáveis e me cadastrei correndo. "Novo olhar para as relações de trabalho"[9] levanta o lema "sustentabilidade inclui ser feliz" e reuniu em três anos cerca de mil associados abertos a novos paradigmas. As discussões acontecem na internet e em encontros ao vivo e em cores. Já fui a um. Filosofamos sobre o equilíbrio ideal entre desejos e carreira, trocamos experiências e inquietações. Conheci artistas, psicólogos, terapeutas corporais... *gente bacana, com recheio e interessada em (olha que raro!) ouvir o que você pensa e quer da vida.*

Também me cadastrei no Museu dos Corações Partidos,[10] que engloba blog, exposição, documentário... Nesse projeto, a gente pode partilhar com anônimos ou não depoimentos, fotos, criações

---

9. Disponível em: http://novolhar.ning.com. (N.E.)
10. Disponível em: http://museudoscoracoespartidos.ning.com. (N.E.)

artísticas sobre as delícias e as dores de amar. Com esses dois exemplos, dá para perceber que só se isola numa ilha quem quer.

Tirar partido da internet para questionar as próprias crenças e se reinventar como pessoa e profissional é saudável, pois está no nosso DNA sempre querer mais, acreditar que se pode ir além e subir de patamar a cada conquista. *"Alavanca" podia ser nosso nome do meio, não é?* E a mulher atenta ao seu FIB pessoal quer saber como impulsionar o amor tanto quanto vem acontecendo com a carreira. Questão difícil até para o prêmio Nobel de Física... Tenho uma suposição.

Ser imperfeita é melhor

Se neste exato momento você se sente mais esquecida pela humanidade que a própria Bridget Jones devorando o pote de sorvete no sábado à noite, talvez seja como eu, uma perfeccionista de carteirinha. Tem várias metas e deseja que todas elas saiam exatamente como havia desenhado, do jeitinho que tinha traçado... Só que, já deve ter percebido, a palavra planejamento nasceu divorciada do amor.

A começar por esta dedução lógica: depende de dois quererem, você não tem total controle, sinto dizer. Por mais que se esforce e crie estratégias, não há garantias de que o outro irá corresponder na intensidade desejada, na hora desejada, da maneira desejada. Só em Hollywood.

Mas mulher inteligente e que não se dá por vencida aprende a criar sua própria aura de poder magnético. A manter o pé no chão e analisar o que é possível, achando brechas para conseguir vencer *qualquer* obstáculo (distância, diferença social, resistência de pai conservador, concorrência de ex...) quando bate a urgência de amar e ser amada. Valorizando o fato de ser autêntica, única, diferente de todas as outras.

Quantas mulheres poderosas, objetivas, são também românticas até o último pelinho do braço? Podem até não querer casamento, vestido de noiva, convenções. Mas um chamego caprichado é bem-vindo. Às sextas, aos sábados, domingos e feriados.

A texana Beyoncé é uma delas. Sexy e talentosa até o último fio da cabeleira bem-cuidada, a cantora, que virou ícone feminino de sucesso e faturou 80 milhões de dólares só em 2009, quer, com seu trabalho, que mais mulheres lembrem quanto são poderosas. Para isso criou até um alter ego, a ousada Sasha Fierce, visto e aplaudido aqui no Brasil. Mas, fora do palco, não esconde a outra Beyoncé, interessada em se realizar também na vida afetiva.

Casada com o namorado de longa data, o milionário do *hip hop* Jay-Z, finca o pé no chão quando diz que não quer perder a noção das coisas dentro do mundo das celebridades e que deseja investir no casamento, o que inclui ter um filho. Será que vem uma beyoncezinha para tornar a vida da diva pop ainda mais rica, desafiadora, estimulante?

Eu, que estou acostumada a entrevistar famosas e acompanhar a vida delas de perto por causa do meu trabalho, *vejo a diferença no brilho dos olhos, na alegria, na energia, até na pele daquelas que cultivam um amor paralelamente à carreira* em comparação às que têm a vida pessoal completamente confusa, atrapalhada, *fake*. E não estou exagerando, não. As atrizes e cantoras com um romance para chamar de seu fora dos holofotes me parecem mais alto-astral, mais centradas, mais calmas. Mais abertas a conversar.

No seu peito de profissional promissora também pode estar batendo agorinha mesmo um coração bastante interessado em dividir a cama, a pipoca do cinema, o teto com alguém especial, e ser feliz. *Quer saber como?* Essa conversa está ficando deliciosa.

Homens: já para casa!

Não falta gente querendo participar desta discussão. Desde que a tropa de saias saiu de casa pisando firme e investiu pesado na profissão, brota gente no mundo inteiro dedicada a investigar se (e quanto) a vida romântica saiu prejudicada.

Por exemplo, deu no *The New York Times* algo como: "Ela trabalha. Ele cuida da casa. Eles são felizes". E fica a pergunta: uma mulher financeiramente bem-sucedida seria uma ameaça ou motivo de alívio para ele? Nos Estados Unidos, um estudo do centro de pesquisas Pew mostrou que 22% dos homens ganhavam menos que a esposa. E mais: em quase um terço dos casais norte-americanos casados, a mulher tem grau de instrução superior ao do marido.

Ok, pode não ser fácil se acostumar com as mudanças nos papéis econômicos do casal, mas a transformação tem um efeito surpreendente: estão caindo os índices de divórcio nos Estados Unidos e as uniões parecem mais felizes na medida em que a conta bancária delas engorda.

Hoje, as mulheres não têm necessidade de se casar com homens de nível financeiro ou de instrução nivelado ao delas, então é mais provável que escolham parceiros favoráveis a relacionamentos mais igualitários. Ou seja, *estamos mais fortes para negociar dentro do relacionamento*.

Verdade que as mudanças também implicam novos desafios. O maior para o lado dele, sem dúvida, é a rendição ao poder econômico igual ou mais elevado da parceira. Traduzindo, não se sentir um lixo nem subestimar a renda dela chamando de "complementar". E o maior para o nosso lado é resistir a duas tentações antagônicas: a de exigir um homem tão sensacional que vira ficção (ou piada) e a de boicotá-lo nas tarefas domésticas (de arrumar a cama a fritar ovo) por achar que ele não consegue fazer tão bem.

Dá para a gente mandar *um pouquinho menos* em casa? Por mais que a mulher se diga cansada de fazer tudo, às vezes não quer largar o osso. E que osso pesadinho, hein?

Isso me lembra de uma história divertida que a atriz global Tania Khalill contou num fórum promovido pela revista *Claudia* em homenagem ao Dia Internacional da Mulher: imbuída do desejo de deixar o marido participar dos cuidados com o bebê, ela respirou fundo e cedeu a vez para que ele trocasse a fralda. Qual não foi sua surpresa ao enxergar na mão do aprendiz um tubo de pasta de dentes. Concordo, teria sido *perfeito* se usasse o creme antiassaduras, mas ninguém é *perfeito*. E o pai ficou mais craque para a segunda vez.

Ok, posso imaginar o que você está pensando: que o brasileiro, comparado ao norte-americano, é um poço de machismo para acompanhar uma mulher bem-sucedida – e que *o tão anunciado "novo homem" ainda está a anos-luz da porta da sua casa e do seu computador*. Não nego.

É só olhar para o lado ou pensar nos políticos e empresários para perceber o disparate: como por mágica, o poder transforma homens caidaços automaticamente em bonitos, interessantes, desejados, jovens (e o cirurgião plástico ainda ajuda!); mas com a poderosa não é bem assim. Para o engravatado, o sucesso profissional é afrodisíaco (o filme *Simplesmente complicado* trata disso com um humor leve e delicioso); já para a bem-sucedida... iminência de conflito.

Em altos cargos corporativos, por exemplo, estima-se que há quase três vezes mais mulheres sem par do que homens. Isso acende uma luz amarela, concorda? Eu já desconfiava que o disparate era grande com base no que estava vendo ao redor e ouvindo de leitoras.

Se você caminha na mesma direção, tem uma escolha a fazer: render-se plena e absolutamente a esse gráfico perverso e ir dormir abraçada ao travesseiro; ou desafiar os números, se dando o direito de conjugar outros pronomes além de EU, quando achar que é hora.

Seu livre-arbítrio

"Quero sair do escritório no dia a dia e desligar; ou vou virar uma jornalista louca...", confessou uma garota em início de carreira durante um almoço de trabalho. Bia, 25 anos, logo me cativou por sua inteligência e simpatia. E como conheço muitas profissionais que parecem loucas por seu "workaholismo", ouvi com atenção. E vi claramente que os filhos da geração mais libertadora, como ela, estão procurando voltar um pouco nos avanços para buscar referências, fincar valores.

É a história do pêndulo, que foi a um extremo e agora recua em busca do equilíbrio. Se a mulher precisou um dia deixar de ser feminina para abraçar um perfil empresarial, agora não deve sentir vergonha de sair do padrão. Bia tem amigas, principalmente na Europa, que escolheram trabalhar o suficiente para pagar as contas e ter qualidade de vida, curtir um grande amor, passear. Assim como tem amigas mandando muitíssimo bem na carreira que... compram marido. Não há certo nem errado, Bia. É livre-arbítrio. O que você quer, terá.

E o que você quer? Torço para que *não queira* apenas montanhas de relatórios, apresentações em PowerPoint, madrugadas na frente do notebook... com resignação. Não que eu queira fazer aqui uma ode ao casamento. Mesmo porque a gente conhece um caminhão de gente nesse estado civil se sentindo só, *de marré de si*.

O importante é não perder a capacidade de amar, o que, para muitos, não se dará nos moldes tradicionais, trocando alianças no altar. Ou seja, é preciso que cada um encontre um modelo de conexão afetiva que lhe sirva: morando juntos ou na mesma rua, ou como eternos namorados, sei lá.

Também não considero a solidão uma inimiga: ela permite experimentar a liberdade de viajar, paquerar, conhecer pessoas, realizar cursos ou não fazer nada. Fora a liberdade de passar na farmácia e emendar um cinema, de perder (ou ganhar?) horas cuidando do cachorro, de se atracar com o livro mais comentado do momento. E quando um novo amor surgir ou os amigos telefonarem, já imaginou quanta coisa interessante você terá para dividir?

Afeto é um prato para comer quente

Você deve ter reparado que essa mesma liberdade criou um paradoxo: justamente numa época em que *a mulher pode aproveitar ao máximo sua carga erótica*, sentindo-se à vontade para avançar um sinal que sua mãe e avó não ousaram, acaba evitando criar vínculos, o que diminui a frequência das relações sexuais. Pesquisas apontam que aproximadamente 10% da ala feminina têm diminuição progressiva do desejo sexual. Mas esses números podem ser bem maiores, tirando por base a experiência clínica de Flávia

Fairbanks,[11] ginecologista e *expert* em sexualidade que conta ouvir a queixa de quase 30% de suas pacientes.

A maioria busca razão fisiológica (sente dor ou corrimento estranho onde não há), quando o motivo tem mais a ver com dificuldade de diálogo e com a frase lançada em algum momento da consulta: "Pudera, ando muito ocupada, cansada, estressada". Em todas as faixas etárias está havendo uma redistribuição de energia para outras áreas, obrigando a libido a também se adaptar aos novos tempos. E eu pergunto: isso é bom ou saímos perdendo com a troca?

Se a neuropsiquiatra Louann Brizendine estiver certa, e deve estar, quando diz em seu livro, *The male brain* [O cérebro masculino], que **o cérebro feminino quer a esperança de "amor e compromisso" antes do sexo** (o masculino, sem surpresa, o inverso), temos de ficar espertas: se continuarmos a adiar o "amor e o compromisso" para quando atingirmos o topo na empresa, aí é que o sexo irá para o banco de reservas.

Olho vivo se você não quiser abrir mão de uma vida sexual rica, minha cara! É fundamental para a saúde, já disse um de nossos ministros – e um dos quatro pilares da qualidade de vida, segundo a Organização Mundial da Saúde (OMS). Fora a vingancinha de chegar para trabalhar com uma pele bem mais bonita que a da colega ou chefe *workaholic*, que parece ter dormido sobre a mesa do escritório...

Como nos satisfazer

Fala-se muito também do paradoxo da tristeza feminina, já que nossos avanços em vários aspectos vêm aumentando na proporção inversa dos sorrisos. Como se fosse cena rara uma de nós rir a ponto de doer a barriga, exorcizando nossos demônios (leia-se qualquer irritação). O pior é que talvez seja... Ou não teríamos respondido nas últimas pesquisas que nos sentimos menos felizes que os homens.

---

11. Mais informações sobre a doutora em seu site: www.flaviafairbanks.com.br. (N.E.)

O que está provocando essa desigualdade de felicidade nos gêneros? Estudiosos levantam várias hipóteses. Até mesmo a de que, acima de tudo, o nosso bem-estar seja "simplesmente complicado" por desejarmos mais coisas, incluirmos diversos interesses na mesma jogada, ampliarmos o foco. A discussão vai parar por aí? Vamos fechar a questão proclamando que "é mesmo difícil nos satisfazermos" e ponto-final? Não.

Minha investigação particular aponta para uma causa: se, mesmo com tantas conquistas que já seriam motivo de sobra para comemorar, não estamos abrindo tantos champanhes quanto deveríamos, é porque falta algo. Não é dinheiro, não é *status*. É afeto.

Sem esse recheio, esse colchão de mola, esse tempero gostoso – seja lá como se queira chamar – sobra só casca, embalagem, fica difícil de engolir. A palavra mágica também apareceu no "Estudo da vida sexual do brasileiro", da sexóloga Carmita Abdo,[12] com mais de 7 mil pessoas em 13 Estados: mais de 60% dos homens e quase 80% das mulheres concordam que tem de haver afeto nas relações. Que bom!

É para quem deseja resgatar o afeto e as gargalhadas perdidas em alguns anos de dedicação aos POs (planejamentos estratégicos das empresas) que pensei em caminhos testados e aprovados por mim, por pesquisadores do comportamento humano, por homens e mulheres que já entrevistei e por estudiosos do corpo e da mente. E cheguei a *seis atitudes para alavancar uma vida rica em beijos, abraços...* O carinho da sua mãe, do seu pai, da sua amiga e da sua tia-avó são bem-vindos. Mas o que interessa aqui é um tipo de afeto só para adultos – que inclui, oba!, sexo e companheirismo.

Fique calma, as seis atitudes não excluem nem minimizam a importância que você dá à carreira. A maior recompensa de continuar abrindo portas na profissão, mas sem fechar as do coração? São realizações que se completam, e acredito piamente que você se sentirá mais plena quando não precisar mais escolher entre amor e carreira.

12. Carmita Abdo é fundadora e coordenadora-geral do ProSex – Projeto de Sexualidade do Hospital das Clínicas da Universidade de São Paulo. (N.E.)

4

Seis atitudes para alavancar sua vida amorosa já

Prepare-se para caminhar comigo na contramão das nossas próprias ilusões de um amor *ideal* e mirar um amor *verdadeiro*, cada vez mais sinônimo de amor *possível*. E perseguir o possível é bom. É muita coisa. Significa criar relações sustentáveis com a outra pessoa, afinadas com a realidade de grandes exigências e desafios tanto femininos quanto masculinos.

E tem de ser assim, um amor possível para quem almeja sucesso na carreira, e nem por isso quer ser uma ilha. Compatível com a sua necessidade de realização pessoal e profissional. Usando um jargão atual, um amor customizado, sob medida para você, que tem aspirações em outros terrenos da vida também.

Delira quem ainda espera que o amor seja linear. Ele é feito de ciclos, altos e baixos, dias mornos, dias quentes, dias frios... e depende exclusivamente da vontade de cada um de insistir, negociar, tolerar, admirar, investir todos os dias, com gestos, palavras, sentimentos construtivos, atitudes e, assim, ganhar força e maturidade emocional, resgatar a libido perdida no mar de *stress* que navegamos, ser gratificante. Repito: gratificante, e não pouca coisa. Ele não vinga milagrosamente nem pode ser idealizado. E como a gente continua mestra em idealizar o amor...

Lá no fundinho, toda mulher sabe que sonhar é o que atrapalha a vida quando se confunde fantasia com realidade. Percebemos facilmente se os outros estão na mira errada para encontrar o homem certo e damos um show de habilidade na hora de aconselhar amigas e colegas de trabalho sobre o assunto, não é? Mas temos dificuldade para achar o tom quando chega a nossa vez.

Nossos namoros, ficadas, casinhos, casamentos, enroscos são carregados de emoções contraditórias e expectativas irreais; enquanto o bom senso e a racionalidade clareiam nossa visão somente para os dilemas de trabalho. Que contraste!

Há quem diga que o problema começou com os contos de fadas que, quando pequenas, ouvimos até a exaustão. As histórias acabavam sempre com "foram felizes para sempre". Acreditávamos que àquela altura a mocinha estava vivendo com seu príncipe num mar de rosas... sem espinhos. Nenhunzinho para contar história. Crescemos e o *script* passou a valorizar o oposto: os espinhos.

O romance de Romeu e Julieta, por exemplo, não acabou nada bem. No filme *Encontros e desencontros*, ficou no quase – os casais nem se entenderam nem se separaram de vez. E *Closer: perto demais* é fascinante justamente por escancarar quanto o amor pode ser perturbador. São pequenos exemplos de como a cultura para adultos ovaciona a dor do amor, a ruptura, a figura de quem sai porta afora segurando as malas e nem sequer olha para trás.

Sem falar nas novelas, que nunca apresentam casais casados e bem amados. Se os houvesse, aprendi num curso de roteiros para tevê, não haveria o tal do *turning point*, o conflito que faz você querer ver o próximo capítulo. E o próximo e o próximo desencontro.

Mas, vem cá, é mais admirável quem põe um ponto-final numa relação ou quem persiste nela, procurando formas de fazer dar certo? *Será que não pode haver coragem nos esforços para que o amor perdure?* É somente quando você ama de verdade que consegue olhar, ao mesmo tempo, por duas janelas que não se confundem, nem se fundem completamente: a sua e a da pessoa com quem decide partilhar a vida. Há mais descobertas, trocas de experiências e de pontos de vista, chances de amadurecer e de se superar. Claro, essa experiência ótica permite enxergar e interpretar além do que outros que só dispõem de uma janela.

E encontrar uma pessoa, se apaixonar, começar a compartilhar representa apenas o ponto de partida para uma nova caminhada. No centro da discussão, um sentimento que vai muito além da paixão – vulcânica, por vezes ilógica, que faz bem por um tempo e desassossega, mas que se consome rápido.

Sim, amor é construção. Não basta ligar um botão, controlar e assistir, como fazemos com as muitas máquinas que nos rodeiam, nos seduzem, nos ajudam no dia a dia de profissional superocupada. Que só faltam falar, algumas *touch screen*, mas... alto lá! E como fica outro conhecido tipo de *touch*, o do afeto, do erotismo, manualmente testado e aprovado desde quando Adão tocou Eva daquele jeito irresistível? Uma mulher sente-se realmente mulher quando é tocada. Bem tocada, por favor.

Convido você a abrir os olhos para a tela da vida não virtual, em tempo real, entendendo que a tecnologia facilita a comunicação, mas não substitui o olho no olho (e o corpo no corpo) de um relacionamento *off-line*. E que bom que mulheres inovadoras já estão sacando esse distanciamento decorrente das facilidades da vida moderna e assumindo o papel de humanizar as relações, como missionárias da união (a tendência apareceu de cara no monitoramento do comportamento feminino feito pelo Movimento Habla, do qual participei).

Também é humano reconhecer que não se deve querer perfeição nem comunhão de iguais. Homens e mulheres são imperfeitos à sua maneira, ponto-final. Ou inicial, pois temos muita coisa a discutir a partir dessa diferença básica e fundamental. Duvida?

Para ajudar a pegar a trilha certa, recomendo ler o poema *Amor*, de Carlos Drummond de Andrade. Muitas pessoas apaixonam-se muitas vezes, mas poucas amam de verdade por não prestarem atenção aos sinais. E a atitude esperta, que ele também ressalta, é não deixar que as loucuras do dia a dia a deixem cega para a melhor coisa da vida.

Que as atitudes que sugiro a seguir ajudem você a prestar atenção aos sinais.

Atitude 1:

Abandonar a capa de "super" e agir como uma mulher adulta

- Chame alguém para carregar sua lança;
- pare de arrumar desculpas verdadeiras;
- tenha medos bons, evite os paralisantes;
- baixe a régua das expectativas;
- aceite ajuda para ir mais longe;
- treine dizer "sim".

Enquanto participava de uma pesquisa de comportamento sob a batuta da socióloga Celia Belem, aprendi muito sobre comportamento humano, e chamou minha atenção perceber que as deusas gregas retratam uma urgência feminina. Para obter todas as conquistas que conhecemos muito bem, a mulher precisou encarnar a Atena (mito da mulher guerreira e independente); agora que as grandes batalhas estão vencidas, há de ser necessário algum espaço para a porção Afrodite (deusa do amor, dos relacionamentos, da beleza).

Continuamos protagonistas de modificações de costumes, não é? Valeu a pena lutar tanto para convencer os outros do nosso valor, mas agora é hora de nos observarmos intimamente e nos convencermos de que podemos baixar o grau de autocobrança, especialmente no terreno das emoções. Abandonar a rígida capa de supermulher em prol de uma vida mais humana. E ela inclui *cuidar da mente, das coisas do coração e do corpo, e não só como obrigação social.*

Conversando mais sobre isso, pude concluir que o apartamento onde moro é típico de uma Atena (prático, com poucos móveis, predominância dos tons de madeira, sem muitos enfeites).

Mas, de um tempo para cá, venho usando e abusando de cores femininas, motivos florais, toalhas de rendas e lacinhos. É uma forma de expressar o meu desejo de ser mais Afrodite, de equilibrar com o lado Atena, que comandou minha vida nos últimos anos, de me reconectar com a minha essência.

Quando ousamos nas cores das unhas (só um pedido, verde-Shrek nããão, é *over*!) também estamos dando vazão ao lado Afrodite. Quando nos permitimos deixar escapar alguma fragilidade, necessidade de proteção, damos merecida folga a Atena. Já não precisamos segurar sua lança o tempo todo.

Agora que nós já provamos tudo e mais um pouco podemos relaxar um pouco, jogar para trás a custosa fantasia de Mulher Maravilha. A mulher está abandonando esse estilo de vida de perfeição, de dar conta de tudo, e deseja que a sociedade também aceite suas fragilidades. Ela quer se livrar de tantas cobranças; ter o direito de errar, de falar "Está demais, isso eu não quero"; ter a liberdade de se colocar, de ser autêntica, e não de bancar a heroína 24 horas por dia. A jornalista Cynthia Greiner endossa: "Esse é o grande alívio da mulher moderna. Ok, já provamos. Então, dá licença que nós queremos relaxar."

Que fique bem claro, a competência continua. Mais e mais profissionais já lideram equipes melhor que os homens por saberem trilhar o caminho do consenso, da negociação, da empatia, da atenção aos detalhes. O desafio é aplicar a nós mesmas e à nossa vida afetiva a flexibilidade que emprestamos ao trabalho, à família, o que é bem diferente de ser dependente.

Está claro, claríssimo, que não precisamos mais de um homem para abrir lata de palmito, consertar qualquer coisa ou nos acompanhar a uma festa. Sabemos exatamente quem somos e o que queremos da vida. Não canso de ouvir nas palestras com consultores de carreira que as mulheres vão dominar o mundo. Os políticos que se cuidem... O aperitivo foi terem de se acostumar ao novo termo presiden*ta*.

E os estudiosos do corpo humano, que não se cansam de comparar o sexo forte com o nosso, dito "frágil", concluem que vivemos mais, somos polivalentes e mais habilidosas com as mãos (graças ao estrogênio, hormônio feminino, e não porque são menores e com dedos finos), temos ouvidos mais sensíveis e aguçados, melhor coordenação motora para dançar, nos comunicamos com mais clareza, nossa visão é mais abrangente... Com essas e outras tantas "vantagens competitivas", tendemos a nos achar simplesmente o máximo.

Chame alguém para carregar sua lança

"Mulheres como você são pontas de lança" – reforçou o médico acupunturista Norvan Martino Leite.[13] Ou seja, dão a direção no relacionamento, se arriscam mais, querem avançar, mas precisam reconhecer que necessitam de mais alguém para carregar a outra ponta. Simplesmente não dá para querer movê-la inteira somente com duas mãos. Sem um parceiro com a mesma motivação e disposição vão, no máximo, arrastá-la.

Ele falou dessa metáfora da lança porque eu me queixava de não conseguir que colegas do meu trabalho pensassem como eu, enxergassem o que eu enxergava tão claramente, diante do meu nariz. Seu intuito era baixar minha ansiedade de querer mudar o mundo. Mas a imagem serve também para uma vida afetiva a construir.

Mesmo sendo incrível e autossuficiente, melhor largar a capa de supermulher bem no fundo do armário ou em um brechó e reconhecer que não poderá tomar conta de tudo sozinha; não poderá carregar a lança inteira sozinha. Você precisa de uma parceria, que tenha objetivos e valores compatíveis, queira colaborar, jogue no seu time, queira avançar – na mesma direção.

Não é pensar igual, cada um tem de cultivar seus próprios sonhos também. Mas, por exemplo, você precisa se relacionar com alguém que a apoie nas suas decisões profissionais, em vez de ficar colocando-a para baixo.

13. Doutor Norvan é médico, clínico geral, pediatra e especialista há 12 anos em acupuntura. Mais informações no site de sua clínica: www.clinicacomciencia.com.br. (N.E.)

Outro bom exemplo mostrou o filme *Sex and the city 2*. Em crise no casamento de dois anos, Carrie e Mr. Big pareciam querer direcionar essa lança imaginária para lados diferentes, com um dos dois prestes a soltar as mãos e deixar o elo de união ir ao chão. Quem? Ela. O motivo? *Uma imagem idealizada, fantasiosa do relacionamento a dois*. Ou não estaria sentindo tanto ciúme da televisão que o marido comprou, por exemplo.

Depois de anos exaltando luxo e riqueza, curtindo uma solteirice cheia de pretês[14] e noitadas nas baladas mais fervilhantes de Manhattan, como lidar com o dia a dia de um casal normal? Menos agito na rua, mais intimidade no quarto, muitas vezes com a tevê ligada. Menos lado a lado na rua exibindo Dior, mais olho no olho na mesa de jantar dividindo um prato *delivery*. Ficando no sofá com o maridão, sim – e gostando dessa fase, em vez de só enxergar tédio. E olha que, nesse caso, trata-se de ficção, e aquela dupla glamourosa não tem de conversar sobre contas a pagar!

Aliás, me explica, por que tantas mulheres parecem tão bem resolvidas na vida profissional, mas basta que comecem a falar da vida amorosa para parecerem voltar à adolescência? Se bobear até infantilizam o tom da voz. Tremem na base a cada vez que o telefone toca, parecem encarnar a garotinha quando sentem cheiro de homem no ar, têm atitudes tão imaturas e por vezes inconsequentes... Vamos crescer, minha gente!

Pare de arrumar desculpas verdadeiras

Também há o grupo que culpa os outros por qualquer infortúnio amoroso, vestindo a carapuça de vítima. Sem falar nas que contam mentiras a si mesmas (a quem querem enganar?) usando um recurso muito comum, o da desculpa verdadeira. "É desculpa, mas eu acredito tanto nela que, para mim, ganha verniz de verdade", detalha o psiquiatra Paulo Gaudencio.[15]

14. Gíria para pretendentes. (N.E.)
15. Médico psiquiatra pela Faculdade de Medicina da USP, psicoterapeuta de grupos e em atendimento individual. Mais informações em seu site: www.paulogaudencio.com.br. (N.E.)

Para exemplificar, basta pensar naquela mulher aflita para se casar, que só reclama que o namorado não ata nem desata. Pode até ser verdade que ele seja, digamos, lento, indeciso, descansado. Mas não é toda a verdade. Porque quanto mais ansiosa ela for, menos o homem-alvo será. Afinal, ele vive a ansiedade nela. Por isso, leva mais tempo para dar um passo. O futuro desse casal poderá ser assim: ela alucinada, ele sem atitude; o rapaz não precisa agir, afinal, a namorada toma as decisões por ele...

Outro exemplo: quando eu era solteira, saía para comer pizza todo domingo com um grupo de amigos, do qual fazia parte um publicitário alto, engraçado e galinha. Minha amiga mais chegada começou a se interessar justamente por quem? Mas, vendo que ele trocava de garota como quem trocava de sapato, curtiu apenas uma paixão platônica. "Além de querer só dar uma voltinha comigo, vamos perder a amizade", me dizia, mal escondendo o medo de se machucar.

Resumo da ópera: pouco tempo depois, o cara apresentou uma namorada firme, fixa, à prova de troca. De tão apaixonado, chegou a aparecer na pizzaria de sempre com a família da eleita a tiracolo. Só faltou o papagaio. Poderia ter sido a minha amiga, se tivesse se dado uma chance. Era meia-verdade que o cara gostava de ciscar. A outra metade: ela estava usando isso como desculpa verdadeira para esconder seu medo.

Tenha medos bons, evite os paralisantes

O exercício de lidar com as emoções negativas (incluindo medos e inseguranças) traz autoconhecimento, deixando-a mais forte para decidir quais riscos correr, usando a razão e a emoção juntinhas, até mesmo o risco de se lançar numa relação afetiva e não dar certo. Mas pode *também* dar certo... E, se der errado, amadurecer e procurar dar certo numa próxima. Também vou falar que não é para descartar totalmente o medo, porque às vezes ele nos protege de um monte de ciladas.

É um alívio pensar que essa emoção é boa, pois nos prepara para lutar ou fugir. Para explicar melhor, digamos que eu me apaixone. Se, mesmo com medo de me machucar, aposto que ele também poderá ficar louco por mim e vou em frente, sou corajosa; se fujo sem nem tentar, me chamo covarde; se o cara dá sinais de que se interessa pela minha amiga, então fico na minha, devo ser prudente. Nem corajosa, nem covarde. E, sim, esperta, inteligente, descolada. Mas se o cara for casado com a minha amiga nota dez – e eu simplesmente ignorar o fato, avançando o sinal sem enxergar que está vermelho – pode ser uma irresponsabilidade.

Agir como mulher adulta implica entender e enfrentar certos receios que só atrapalham. Sem querer generalizar, tenho a impressão de que *há mulheres querendo se casar, mas com vergonha de assumir esse desejo* por causa da cobrança (das outras e delas próprias) em *precisarem* parecer modernas. E quando temos vergonha das nossas metas nos distanciamos delas, conforme lembra o psiquiatra Roberto Shinyashiki em suas palestras.

A fim de esmiuçar essa impressão, chamei de lado a antropóloga Lígia Krás,[16] uma *expert* em pesquisas de campo com mulheres. A astuta gaúcha também vê que o medo é real, mas não aquele moral, de contrariar o lema "casamento é coisa do passado e tenho que parecer à frente". O medo é da volatilidade do mundo. De se envolver, e a decepção vir cedo.

Hoje, tudo parece tão rápido, com prazo de validade, fadado ao fim. É a crise dos tempos modernos, em que salta aos olhos o que dá errado, termina mal, é negativo. Você ouve falar pouco ou nada das 'instituições bem-sucedidas', já das falidas... a rodo. As pessoas repetem o tempo todo: a família é uma instituição falida, a Igreja é uma instituição falida. Então, há medo de montar toda uma cerimônia de casamento (que mesmo sem festa é sempre um acontecimento) e investir em algo que não vai acabar bem.

Lígia e eu concordamos que o fantasma da traição é o que assusta mais. Pudera. Antigamente ficava entre quatro paredes. Hoje, todo mundo sabe pela internet. Olha quantos casais agora se casam e se separam em seguida? Só no mundo dos famosos

16. Lígia Krás é antropóloga, especialista em *vintage* e trabalha como pesquisadora de tendências na Mindset. A Mindset é a representante no Brasil do site de tendências mundiais WGSN. (N.E.)

têm muuuitos. Então, paira no ar o seguinte raciocínio: quem não casa não passa por essa dor de cabeça, pela vergonha, pela frustração de ter falhado, pela necessidade de dar satisfação aos outros. E sabemos que as mulheres ligam muito mais para a imagem que os homens.

Aqui tocamos num ponto importante. Mais informados do que nunca, bem que tentamos, homens e mulheres, escapar do insucesso. E, como eu disse antes, não dá para controlar a relação afetiva como a gente faz com a carreira. Então, existe a tentação de nem tentar, prevendo que nossa felicidade amorosa será parecida com encher uma bexiga de ar e soltar. Ela sai voando, faceira, para cair num canto assim que esvazia.

Visualizando a situação, vejo duas saídas: excluir as bexigas da sua vida ou, meu caro Watson, amarrar a boca delas. Eu defendo que *vale a pena tentar, monitorando quando pode ser corajosa, quando deve ser prudente*. Se prestar atenção, há exemplos de relacionamentos bem-sucedidos em todos os lugares. Quer se deliciar com histórias e fotos de casais casados por cinquenta anos? Entre no site da revista *Time* e procure a reportagem "*Who needs marriage?*" [Quem precisa de casamento?]. Você deverá encontrar uma pesquisa emocionante, feita pela fotógrafa Lauren Fleishman.[17]

Baixe a régua das expectativas

Quantas mulheres que já entrevistei diriam agora: "Eu quero, mas não encontro." Minha experiência mostra que, quando a gente procura sem trégua e nunca acha um cara que valha a pena, tudo leva a crer que esse objeto de desejo seja uma miragem, uma ilusão. Em vez de continuar fantasiando um príncipe encantado, como se fosse uma adolescente clássica, baixe as altíssimas expectativas, conforme meus entrevistados sugerem neste livro, e abrirá seu leque de possibilidades na pirâmide dos relacionamentos.

---

17. Mais informações sobre o trabalho da fotógrafa em seu site (em inglês): www.laurenfleishman.com. (N.E.)

No meu tempo de solteira, saía com uma amiga que decidia se ia dar bola ou não ao sujeito conforme o sapato que ele usava. Reduzia suas chances, concorda? Isso foi há vinte anos, mas não faz muito tempo li o texto de uma jornalista que desprezava homens de sapatênis. Isso é mesmo tão importante? Depois você dá de presente sapatos melhores ao seu eleito, ora!

Só para comentar, eu não gostava do corte de cabelo do meu marido quando nos conhecemos. Foram dois anos de namoro até eu convencê-lo a mudar de visual. Assim que fui morar sozinha, montei um minissalão de beleza na sala do apartamento, trouxe um cabeleireiro amigo, e fui persuasiva. Já pensou se eu tivesse ignorado tantas afinidades, só porque ele se achava "o cara" com aquele look retrô?

Ficamos juntos porque eu me dispus a partilhar a minha vida, me dispus a sair da redoma de mulher autossuficiente – que cai muito bem no ambiente profissional, mas no amor só me distanciaria de encontrar alguém especial.

Como incentivo extra para você encontrar seu par, saiba que o IBGE, esse instituto que veio ao mundo para dizimar dúvidas quantitativas, recontou o número de solteiros e de solteiras para nós. Os resultados apontam um excesso de homens disponíveis em 21 estados do país. Há um saldo de 1,5 milhão de possibilidades de achar seu par no baralho (*em tese*, pois não sabemos qual a preferência sexual, nem se vivem arranjos conjugais que mais tarde poderão se tornar casamento sacramentado em cartório).

Eu olho para esses números e quero pensar que é impossível afirmar que faltam no mercado seres de pelos nas pernas.

Aceite ajuda para ir mais longe

Uma pergunta que sempre se coloca é: o sucesso afasta as pessoas? Depende da espessura do escudo que você coloca contra suas próprias emoções e contra a aproximação dos outros. Tudo bem que as mulheres sentem o golpe da concorrência no trabalho e a angustiante sensação de que não podem confiar nem na própria sombra. Mas tem de ser assim?

Se forem adultas, e não garotinhas inseguras ou problemáticas sob a capa de "super", nem se deslumbrarem com o poder, conseguem não se isolar. Aliás, liderar é contagiar, e não despertar medo, raiva, até nojo nos outros.

Uma das boas consequências de ser uma profissional admirada – pela competência técnica e postura íntegra – é que você sempre consegue aliados para suas tarefas e sobra mais tempo para a vida pessoal, incluindo o relacionamento amoroso. Sem falar da possibilidade de atrair fãs nesse mesmo ambiente, em que a competição será por quem vai conseguir levá-la para jantar.

Um dado animador: 63% dos 608 casais entrevistados para uma enquete da International Stress Management Association no Brasil se conheceram... trabalhando. Compreensível. A maioria desses pares sua a camisa dez horas ou mais diariamente, como eu e você. *Mais um motivo para ser uma profissional humana, admirável, interessante, ímã de gente. E não um robô que só vê números.* Nem mestre em lançar olhar gelado, achando que não precisa dos outros porque é Deus de saia.

Já quem age como autossuficiente, nariz empinado, ar de superior, tem dificuldade de se relacionar dentro e fora do trabalho. E todo mundo, em algum momento da vida, pede água. Aliás, em certos casos, pedir ajuda é um ato muito mais corajoso do que tentar solucionar tudo sozinha. O mesmo vale para o relacionamento amoroso. Quantas vezes dispensamos o ombro do homem para não parecermos frágeis? Mas quem não fica frágil ao menos de vez em quando? Nem quando a capa de supermulher está lavando?

Aqui vai um conselho que cai muito bem nesta conversa, como calda de caramelo no pudim de leite: não adianta ter todo o poder do universo se ninguém pergunta se você melhorou da dor de dente. Mulheres de norte a sul, com conta bancária gorda ou magra, de vida simples ou luxuosa, querem com todas as suas forças (nem sempre de maneira consciente) um pouco de atenção. O lema "Qualquer coisa na vida é melhor que a indiferença" é aclamado por muitos. Se não somos notados, de que vale ter uma mente luminosa e um coração pulsando?

Treine dizer "sim"

E se esse homem aparecer, como amigo da amiga, como novo colega de trabalho ou cliente, como vizinho recém-chegado ao prédio, como seu professor de inglês... pode ser que você diga *não*. Por medo, por preguiça, porque tem uma pilha de trabalho esperando, por cansaço...

"Sim, eu topo um drinque na próxima quinta"; "Sim, eu sinto desejo por você"; "Sim, eu quero experimentar desse jeito"; "Sim, eu fico mais um pouco." "Sim, sim, sim..." Lendo aqui parece fácil pronunciar as três letras mágicas capazes de nos transportar ao inesperado, à surpresa, à ousadia de tentar. Na prática, elas não saem da boca com a frequência desejada. Instinto natural, de defesa. Ainda mais quando você já atingiu um patamar importante na carreira.

E de quanta coisa a gente se sente na obrigação de se defender! Da competição, da inveja, da puxada de tapete, da violência, da grosseria, da esperteza do mal – até dos sentimentos mais primitivos e, por isso mesmo, beeem arriscados. Tão mais seguro responder "Não, obrigada" a iniciativas das quais não temos total controle!

Eu tenho essa tendência, gosto de estar no controle. Mas já tomei várias lambadas que me ensinaram a reconhecer que nem tudo está sob meu controle. Faço minha parte, meu melhor, e... rezo. Dá insegurança sair com um cara novo no pedaço; investir naquele homem que só de relar em você arrepia os pelinhos do seu braço; conceder uma segunda chance ao namorado ou marido que pisou na bola.

Só que você já é adulta o suficiente para assumir uma atitude positiva, sem se preocupar com o que os outros vão pensar. E o que é que tem se nem todo mundo aprovar suas decisões pessoais? Já é grandinha, paga suas contas...

E se for mesmo verdade que o cérebro acredita em tudo o que a gente diz a ele, melhor dobrar o cuidado para não repetir mentalmente comentários negativos: nem os do nosso diabinho interno (que diz "não vai dar certo"), nem os de quem não se importa de verdade com o nosso bem-estar. Se afirmar a si mesma que nada vai funcionar, é provável que nada aconteça mesmo.

No esporte, na carreira, assim como no amor, acreditar que está apta a vencer os obstáculos é meio caminho andado. É como se lançasse uma profecia positiva. Ai de você se acreditar no sambinha "Tristeza não tem fim, felicidade, sim..." Vai dançar.

Tente visualizar uma relação amorosa bacana e as suas chances vão aumentar. Tente dizer a si mesma como quer que esse romance seja e as suas chances vão aumentar. Tente captar as sensações que a vida a dois proporcionaria a você e as suas chances vão aumentar.

Eu sei, você já leu isso em muitos livros de autoajuda. Mas por que não tentar? Por mais clichê que pareça, tem fundamento dizer que pensamentos negativos arruínam relacionamentos, a criatividade e a esperança também. Tanto que corremos léguas para longe de gente baixo-astral, com nuvenzinha negra sobre a cabeça, para não "pegar" sua peste.

Quanta coisa que *não* fazemos só leva ao arrependimento depois. *Muito mais negócio deixar o medo de lado e arriscar.* E se, de fato, sua próxima investida amorosa der errado? Se a vida viesse com garantia de sucesso para 100% das tentativas, perderia a emoção. Perderia a surpresa. Perderia a graça. Desapareceria o desafio, palavra de que a mulher de hoje gosta tanto. Não haveria motivo para estourar champanhe, comemorar com beijos e abraços.

Um exemplo de mulher que adora desafios é Amalia Sina. A minha entrevista com essa superexecutiva é um choque de realidade, acredite! Em seguida, tenha incentivo extra para agir como uma mulher adulta com a psicanalista Luciana Saddi.

Entrevista especial

O poder da transformação

Amalia Sina já presidiu multinacionais, como Walita e Philip Morris do Brasil, até que se lançou como empresária, em 2007, à frente da Sina Cosméticos. Também é professora e autora de oito livros na área de negócios.

Cada vez mais a carreira envolve a mulher, dominando seus sonhos, energia, tempo, coração. Poderá ela não chegar lá na frente inteira?
Descobrir maneiras de conciliar nossos vários papéis é o tom do momento. O casamento ainda é o esteio da sociedade, e a mulher, o esteio da família, com grande influência em tudo. No entanto, ousamos saltar esse tal muro que nos fazia pensar que não havia nada do outro lado. Hoje, a mulher vê o horizonte. Falta perceber que tem uma cerca além dele. Então, vê o horizonte, mas não a cerca, e acha que pode ir, ir, ir, sem limite nem arranhões... Essa cerca lá na frente é o amor, a família e a maternidade. Não adianta achar que depois do horizonte não tem mais nada, esperando que a carreira dê tudo. Não dará, é impossível.

A realização não é somente intelectual. Já foi um dia, quando a mulher precisava provar tanto, principalmente a si mesma. Hoje, pode reconhecer suas incapacidades como profissional e ser humano. Mas sofre calada sem dizer tudo o que deseja, por ainda estar desprotegida lá dentro. Muitas não sabem como lidar com o fato de ainda acreditarem no amor e no casamento, quererem o vestido de noiva e o cavalheiro abrindo a porta, gostarem de bichinhos e florzinhas.

É como se uma parte da essência feminina estivesse sufocada?
Lutamos a vida toda para chegar a algum lugar. Mas muitas vezes nos esquecemos de reparar no percurso, no passo a passo da jornada. Não temos tido tempo para degustar as paradas. E toda vez que descemos, seja de um emprego que não deu certo, seja de um

romance que acabou mal, tendemos a passar por cima das próprias emoções, a fingir que não é conosco e tocar para frente. Isso tem preço.

Qual perigo você enxerga em passar por cima das emoções?

Vemos muitos divórcios. Cada vez mais as mulheres têm problemas cardíacos. São dependentes de drogas lícitas ou ilícitas. Os filhos têm problemas psíquicos aos 17 anos por falta de mãe, pai ou família. Eu fiquei órfã de pai e mãe aos 9 anos. Tinha motivo para enfrentar muitas crises que me tirassem do trilho. As dificuldades só me impulsionaram a me desenvolver nos meus vários papéis.

Com pressão de fora para dentro, a gente sabe lidar. O difícil está sendo a de dentro para fora, o conflito interno gerado pelo desequilíbrio carreira *versus* vida pessoal. Uma hora esse copo vai transbordar. E o impacto é também no homem, na família, na sociedade, por causa da influência que a mulher tem sobre todos.

Hoje, o mundo executivo é cruel e predador. Como você vence se não estiver preparada? A questão é como defender suas bases. As mulheres já são dedicadas por natureza, não precisam se exceder. Quando nadam, não querem ficar na superfície, querem ver o coral.

Não é para desistir de querer ser presidente da empresa, ou é?

Existe um momento em que a mulher precisa olhar para os próprios valores. Pensar em subir na carreira porque é importante para ela, e não só para jogar para a galera. Faz um século que a gente faz gol para ganhar aplausos. Eu entendo, também já joguei para a galera por um tempão. Aos 40 anos era presidente de empresa. Mas a velocidade que tive de encarar foi insana. Os danos são incalculáveis. Sinto as sequelas – e talvez nem conheça todas ainda.

Está se tornando comum ouvir de homens que preferem trabalhar com mulheres porque se empenham como se o mundo fosse acabar amanhã. Um empresário até disse "Pena que engravidam". Qual é a deles?
Para dançar tango, precisamos de dois. A mulher não é vítima dos homens. Eles têm é consciência do poder feminino de influenciar o dia a dia, o mercado de consumo, a economia. Hoje, ela é vítima de si mesma. Ativa, e não passiva, nessa história. Sabe o que está acontecendo. Então, nós não podemos sentir piedade porque ela própria não pede clemência. Se fosse homem, também ia querer um monte de gente que trabalhasse bem. Dou aulas há dezoito, quase dezenove anos. Apresente-me dois trabalhos, que eu digo sem ver os nomes qual é o do homem e qual é o da mulher. A superação é uma característica nossa.

E essa competição é ruim?
É ruim para quem não sabe lidar com limite. Só ganha cabresto quem quer. O cabresto quem coloca é a mulher que, mesmo com acesso à informação e competente na sua profissão, se deixa fazer isso. Não tem problema desde que seja consciente. Os meus foram há muito tempo e eu sabia que pagava aquele preço.

Você já dava importância ao amor ao longo da carreira? Ou mudou de opinião depois que chegou lá?
Quando criança, enfrentei uma tragédia familiar. Precisava construir coisas que ninguém pudesse tirar de mim, como haviam tirado meus pais. Ter conhecimento, por exemplo. Para *ser* alguém. Meu principal objetivo? Uma família. Nada contra quem almeja outro. Só que, embora seja moderna, plugada, nesse aspecto sou tradicional. Somo vinte anos de relacionamento, sendo quinze de casamento.

Quando você decidiu ser mãe?
Não poderia passar por esta vida sem ter uma criança para cuidar, dar amor. Meu filho enche a casa de alegria. E não acho que ele seja mais ou menos feliz porque galguei altas posições como executiva e ficava meses fora de casa. Se os homens com carreira puderam ter filhos sem estar o dia inteiro junto e conquistaram amor e respeito, por que a gente não pode?

Seu segredo para conciliar carreira e vida afetiva, então, foi saber exatamente o que queria?
Você precisa encontrar a sua base. Se não sabe qual é, alerta vermelho. É a carreira e ponto-final? Tudo bem, *desde que* não fique se lamentando pelas perdas decorrentes dessa escolha. É tão estranho tentar fazer coisas que não têm a ver com a fase da sua vida! Não gostaria de ter a minha adolescência na maturidade, e a minha maturidade na velhice. Tudo ficou tão rápido, efêmero e fácil, que há ainda a chance de você cruzar com seu grande amor e nem prestar atenção. Ou ter um amor que não é tão grande. Ou ainda achar que o próximo será melhor e ficar sempre esperando.

Também acha que as mulheres estão exigindo demais deles?
É verdade, e isso dificulta o encontro. Não está fácil conviver com mulheres como nós, que dominam situações de alto risco, apagam o fogo das crises. Eles foram criados por nós, e dizíamos que eram os provedores e defensores, em cima do cavalo com uma espada na mão. Só que a mulher de hoje tem seu próprio sabre e corta cabeças, como fez a atriz Lucy Liu no filme *Kill Bill*. O futuro do homem me preocupa, até porque tenho um filho.

Qual o preço de sermos onipotentes?
No final das contas, a mulher se culpa. Como o homem que está aí, foi ela mesma quem criou, com voz doce,

ainda tem de assumir a responsabilidade disso. Então, essa meninada cresceu achando que ser amado por uma mulher passava por esse perfil. Nos negócios, quando a ouve falando de um jeito objetivo, chama de agressiva. É daí que vem nosso grande conflito dentro das organizações.

O problema da mulher não é chegar aos postos, é permanecer. Porque não conhece os códigos masculinos, não sabe qual botão apertar – e usa seus próprios códigos. Só pode dar confusão e competição acirrada entre os gêneros. Não vejo evolução efetiva no sentido de haver um movimento para lá e outro para cá, como o de um par que vai se beijar.

A mulher precisa compreender melhor os homens?

Claro. O problema é que nem tenta. A mulher invadiu todas as áreas em que eles reinavam, dizendo que está tudo errado. Falou de forma gentil e bacana, mas foi mal interpretada. Pôs água embaixo do castelo, corroeu a estrutura e tudo caiu. De repente, bum!, um monte de saias lá dentro. É preciso sair um pouquinho de si mesma e olhar à sua volta.

Como podemos abrir os olhos?

Consigo ver isso de maneira tão clara porque já cheguei lá. Não vai dar tempo de todas chegarem lá. Caminhei rápido porque sou estudiosa, fui atrás, me questionei. A crise juvenil que assola muitas mulheres até os 40 anos acaba com elas. Eu não fiquei insegura quanto à faculdade que ia fazer, se era ou não adolescente, se queria ou não me casar, se gostaria de ser mãe. Se você tem crises, não empurre. Procure um psicólogo. Não está bem? Cuide da saúde.

Eu, você e mais um trilhão de mulheres somos iguais. O que difere são as nuances. Queremos as mesmas coisas, até que se prove o contrário. O amor é uma delas.

Nem por isso precisamos pisar em ovos para falar sobre a importância do afeto.

Você teve sorte?
Talvez, mas foi muito mais planejamento. Montei meu projeto de vida (pessoal e profissional) e, todas as vezes em que saía dele, voltava correndo.
Digo isso porque as tentações que batem à porta de quem desenvolve uma carreira são maiores do que se imagina, para o bem e para o mal. É como se o diabo passasse por você 20 vezes por dia para tirá-la dos seus objetivos. Quantas coisas fantásticas passaram por mim, só que trariam como único resultado a destruição da minha família. E não adianta alguém alertar se você não souber o que quer. Então, não mire no que os outros têm. Muitas alunas já me perguntaram qual a minha receita para chegar lá. Nunca *quanto* me custou chegar lá.

Quantas noites você vai chorar sozinha em um hotel? Quantas horas longe dos seus filhos? Quantos atrasos nos aeroportos e comidas estranhas? Todo mundo quer pôr um vestido e se achar incrível. Mas perguntar quanto vai custar é fundamental.

O que fazer para não pagar um preço tão alto? Pegar mais leve na carreira?
Não tem saída. Trabalhar dá trabalho. Sugiro traçar o plano e ficar com o mapa de voo à mão. Há turbulências, a vida é assim. Para preservar sua vida pessoal, resista a tudo que afete seus valores. Um exemplo? Digamos que vá como diretora da empresa jantar num castelo francês. Cercada de homens, porque eles reinam nesse tipo de situação. Cultos, viajados, cheirosos. Você escolhe a safra que quer beber, é cortejada como rainha. Sabe lidar com o que acontecerá depois do jantar? Terá duas opções (e elas são claríssimas). Ou sobe para o seu quarto, fecha a porta e dorme; ou escolhe

com quem vai a outro lugar, pode ser um bar ou outro quarto. E este é um dos momentos em que quem decide o destino da sua vida é *você*.

Posso publicar esse exemplo no livro?
Pode, desde que escreva que sempre escolhi ir para o meu quarto. Esse é um dos segredos do meu casamento. Há outros momentos delicados em que a mulher bem-sucedida tem de se posicionar. Por exemplo, quando precisa escolher se vai cuidar do filho com febre ou recebe o CEO mundial. Meu marido e a babá sabem contornar uma febre. E se eu não fizer a apresentação ao CEO, muita gente que precisa do meu trabalho naquela organização sofrerá. A mulher tem a mania de achar que só ela faz tudo certo dentro de casa, quando precisa de ajuda.

O que faz uma de nós ir mais longe?
O cheiro do sucesso é tão marcante que não dá para disfarçar. Quem é capacitado, em dez minutos convence. Depois disso, as fragilidades são descobertas. Salvo exceções, importa mais saber o que essa profissional lê, quais conceitos são dela mesmo (e não citações de outros), do que ter bolsas de grife. Fora que o valor de uma profissional está no seu futuro. O que fez dá potencial para mais, mas não decide o jogo como a pergunta "quanto você está disposta a pagar?" O combinado não sai caro.

Não gosto quando as pessoas dizem almejar a presidência da empresa olhando esse futuro com certa miopia. Você lida bem com o fato de ser odiada? Suporta críticas violentas e injustas? Topa colocar a mão em situações que cheiram mal? Preparada para chorar quando vir coisas erradas e não puder fazer nada? E se precisar demitir em massa? Se a resposta não for *sim* para tudo isso, não venha me dizer que quer ser presidente, porque é mentira. Você precisa ter estômago.

Se entrar para o mundo dos que comandam com postura de quem é comandado, vai durar meia hora.

Como a comandante da empresa se comporta em casa?
Eu me casei com um homem forte. Que vê em mim também um par amigo que pode suportá-lo se precisar. Parte do meu sucesso devo a ele. Sempre me incentivou. Não disputamos porque sei onde tenho de atuar. Quando viajamos, por exemplo, ele cuida das providências *lá*. E eu, de tudo ligado à criança e ao que fica *aqui* (cachorro, contas...).
Também é preciso ceder. Meu marido, como bom italiano, gosta de reunir a família para jantar. Antes, era impossível. Agora que sou dona da empresa, é um dos meus focos para agradá-lo e compor com ele a família. Por outro lado, adoro tecnologia. Então, o quarto do meu filho parece disco voador. Por ele não seria. Mas aceita. O que acontece com algumas mulheres é que, no começo, fingem ceder. No sétimo ano, elas vão embora e a família fica destroçada. Precisamos aprender a dividir, somar, multiplicar com outro e sentir prazer também com o que ele gosta muito. São detalhes que a gente às vezes esquece.

O que falta para os romances durarem como o seu?
É importante que a mulher pense não apenas no que já conquistou, mas também no que construiu no percurso. Voltar a ter orgulho de dizer que é (ou quer estar) casada há anos, e não quase pedindo desculpa. Depois que você conhece o poder, o assédio masculino quintuplica. Os homens querem essas fêmeas especiais, depois não sabem o que fazer com elas. Sou a prova de que é possível chegar lá sem jogar para fora do barco o amor. Ele existe e é uma delícia voltar para casa. Sei que todas as feridas abertas naquele dia de trabalho vão se fechar assim que eu entrar. A minha família vai lambê-las e, no dia seguinte, elas estarão curadas.

Depoimento especial

Os sonhos de Eva

Luciana Saddi é psicanalista e escritora. Comanda o programa Fale com ela, *da Rádio Folha, e tem um blog na Folha.com.*

"Quando Deus expulsou Adão e Eva do Paraíso condenou-os a sentir vergonha do próprio corpo – usamos roupas desde então. A Eva ainda reservou a pena de parir com dor e a Adão, viver por meio do suor de seu trabalho. Naquela época a divisão de trabalho era bem clara: Eva cuidaria da prole e da família e Adão suaria para colocar o pão na mesa.

"Muitos anos se passaram e as Evas de hoje, além de parir com dor – embora haja anestésicos e a dor tenha sido um tanto aliviada – vivem também do suor de seu próprio trabalho. Os Adãos, por sua vez, cuidam da prole, realizam alguns trabalhos domésticos, mas a tecnologia ainda não lhes possibilitou o parto. Essas mudanças que, imagino, não foram previstas por Deus naquela época, ocorreram mais recentemente, no século XX.

"No século XIX, em função da repressão sexual vitoriana e da divisão injusta do trabalho, a punição de Deus ainda era válida. Também valia a superestima do casamento, instituição que trazia a reboque tantas outras como a família – sagrada – e a propriedade privada. Homens e mulheres vitorianos esperavam do casamento muito mais do que este poderia oferecer. O sexo, que estaria liberado apenas depois dos votos matrimoniais, não se tornava grande fonte de prazer. Afinal, após anos de repressão, poucos conseguiam usufruí-lo com liberdade. Também era prejudicado pelas medidas contraceptivas e pelo medo das inúmeras gestações. Mesmo assim, o casamento era supervalorizado e, por isso, criava uma enorme horda de frustrados. Aos homens era permitido um moral duplo e às mulheres restava uma boa dose de neuroses.

"No entanto, desde o século XX observamos mudanças significativas nas relações entre homens, mulheres, sexualidade, casamento e trabalho. Há um declínio nítido da sociedade patriarcal. Mulheres são livres para trabalhar e possuem autonomia para cuidarem de seus bens e da prole – até meados do século XIX não tinham poder jurídico para gerir a própria vida. Os homens frequentam cada vez mais os salões de beleza, participam da educação dos filhos e fazem trabalho doméstico. A virgindade e o sexo não são mais tabus. Porém, o casamento continua superinvestido e multiplicado, posto que nos casamos cada vez mais – uniões mais breves, envoltas em grandes e caras celebrações. Lembrem-se do casamento de Lady Di, em 1981 – para inglês e para o mundo todo ver – que se tornou um marco de qualidade a ser reproduzida em todos os festejos matrimoniais; fracasso de felicidade e sucesso de público.

"É a grande expectativa nesse momento singular, na família e nos filhos, que acabam por atemorizar algumas mulheres. Essas intuem que, se casamos tantas vezes, é porque nenhum é tão perfeito assim. E se não há matrimônio que dure e que seja tão bom, o melhor a se fazer é não se casar e optar por apenas uma das condenações divinas.

"Eis o paradoxo vivido por muitas mulheres que preferem investir na carreira: acreditam no matrimônio ideal, mas percebem a distância intransponível entre o que secretamente almejam e a realidade. Sendo assim, por temor de falharem, abdicam desse desejo. Investem no trabalho como quem toma um antídoto contra a decepção gerada pelo casamento e pelos filhos. Porém, a idealização permanece, migra e se aloca na carreira, que se torna supervalorizada e que requer mulheres que labutem, com fervor, destemidamente por um lugar ao sol. Nessa seara não há espaço para rebentos e maridos, as exigências são árduas e transformam a todos em máquinas para produzir. Ininterruptamente.

"É a idealização, tanto do casamento como da carreira, a serviço de uma estranha engrenagem que procura produzir super-homens e supermulheres na posição de superconsumidores – e tritura nossa humanidade. Pois os sonhos de realização no trabalho, de ter profissão promissora, assim como o de ter filhos e de construir família não se opõem. Integrá-los é sempre possível: as mulheres costumam ser capazes de fazer várias coisas ao mesmo tempo. Porém, quando esses sonhos são tomados isoladamente e radicalizados, assumindo a posição de salvação de nossa vida, aproximam-se dos pesadelos.

"O excesso de expectativa a respeito de alguma realização já revela certa alienação sobre as condições reais e possíveis para o viver e produz enorme frustração. A frustração não ocorre apenas porque muitos sonhos são irrealizáveis. Ocorre também quando acreditamos que fomos nós que falhamos, que a inaptidão é nossa, e não que certas missões são impossíveis e nos paralisam. Diante dessa situação sofremos o risco de esmagar: a intimidade possível, o diálogo consigo mesmo e as relações amorosas estáveis – antídotos contra a sensação de farsa da realidade contemporânea.

"Moral da história: nunca coloque todo o seu capital num só tipo de investimento, o segredo é diversificar, para não ficar sem nada."

Atitude 2

Decifrar o homem de hoje

- Deixe para trás o mantra "mulher é assim, homem é assado";
- veja bem se quer o tipo fofo;
- saiba como os caras se sentem;
- ajude a desatar o nó da incompreensão;
- some forças com eles;
- amacie o seu eleito com carinho (e outros estímulos);
- resolva quatro questões existenciais masculinas.

Estava quebrando a cabeça para decidir como iniciar este parágrafo, pois falar de amor é falar de par, de comunhão, da participação masculina na história. Até que li a entrevista com a depiladora-sucesso de Nova York, a brasileira Janea Padilha, uma das J. Sister:[18] "Os homens são mais parecidos com as mulheres do que a gente pensa", disse a criadora da *brazilian wax* à revista *Serafina*. "Têm os mesmos medos, as mesmas vergonhas. Mas uma coisa é universal: não tem quem não fique melhor sem pelo na bunda". Achei sua conclusão tão divertida quanto atual. Por quê? Porque as diferenças entre os gêneros vêm diminuindo. Ambos os lados estão ficando mais parecidos e alternando (não invertendo) papéis com mais naturalidade.

Farejadores de tendências do mundo todo cantam essa bola ao detectar que *homens e mulheres se misturam mais, que não há a mesma diferenciação social de antes entre os gêneros*. Não quero dizer que são iguais – a genética nem permitiria. Mas que o horizonte está ficando mais unissex, ah!, está.

Deixe para trás o mantra "mulher é assim, homem é assado"

Faz sentido se pensarmos que:

1. a sociedade nos trata como mercadorias iguais;
2. a ascensão profissional feminina obriga o homem, em contrapartida, a participar das tarefas domésticas, e alguns já nem saem mais de casa;
3. a automação industrial dispensa a força bruta masculina e dá boas-vindas ao estilo multifacetado e detalhista feminino;
4. nós vestimos colete, calças *boyfriend* e ombreiras (sim, elas voltaram!); eles curtem calças justas, echarpe de grife e cores fortes;

18. Mais informações sobre Janea em seu site (em inglês): http://janeapadilha.com. (N.E.)

5. ídolos *teen* esculpem o franjão com escova progressiva e chapinha enquanto garotas lutam boxe, comemoram aniversário com bateria exclusiva para luluzinhas na pista de *kart* e estão batendo um bolão – a ponto de algumas já sofrerem lesões nos joelhos.

Portanto, já começo avisando que está ficando fora de moda (para não dizer de cabimento) ligar-se a estereótipos de gênero. Se a mulher tiver uma profissão que a impeça de chegar em casa para o jantar e o homem assumir a tarefa, pelo amor de Deus não deixe ninguém chamá-lo de "efeminado". Parece óbvio? E se ele usar seus cremes e deixar que você toque no bumbum dele? Também não é o bastante para tirar conclusões sobre a preferência sexual dele.

Como trazemos na memória muito do que ouvimos desde a infância, certos estigmas ficam arraigados. Só que vivemos outros tempos. *É um perigo para os relacionamentos atuais repetir o discurso dos nossos pais* de que "homem faz isso, mulher faz aquilo; homem é assim, mulher é assado."

Na minha casa, meu marido não curte dirigir, eu domino o volante. Em compensação, eu não sei fazer café, ele prepara o melhor do mundo. E compra sonho com recheio de creme para me agradar. Retribuo com beijos e fazendo questão de tomar café da manhã junto. Não há aula de ginástica, aula de inglês, cabeleireiro que me tire de perto dele nessa hora. Uma rotina que faz o nosso dia começar mais feliz.

Veja bem se quer o tipo fofo

Também é novidade lidar com choro de homem, principalmente na nossa frente. Dizer que ele nunca faz isso é igual àquela mentira deslavada "não sei o que aconteceu comigo, eu nunca falhei antes". No entanto, *as mulheres andam cismadas quando enxergam pranto demais, atitude de menos*. Depois de ler tantas reportagens nas revistas femininas mostrando como fazer o amado abrir o coração, expressar suas emoções, adoçar o lado machão... várias temem o outro extremo.

São as que não toleram chorumelas masculinas porque não têm tempo de suar, que dirá de chorar! Como Viviane, da comunidade *Mulher de gênio forte*, do Orkut, que postou uma foto do bonitão do seriado *Lost* às lágrimas com o apelo: "Para de choraaarrrrrr..." Ela é viúva, mãe de dois filhos e pouco paciente com "mimimi" de homem, como a própria diz.

Nem o grandalhão Shrek, em seu derradeiro filme, escapa... Depois de enfrentar um dragão, resgatar a princesa e salvar o reino dos sogros, o personagem é enganado por um duende e... chora. "Oi, acabei de voltar do cinema, fui ver *Shrek para sempre*. E o ogro chora no filme!! Bj", escrevi num e-mail a uma editora da minha equipe, no mínimo uns quinze anos mais jovem do que eu. Pensava que ela fosse estranhar, como faria Viviane. No minuto seguinte, a surpresa: "Sinal dos novos tempos. Os meninos já crescem achando natural demonstrar o que sentem – que bom!", respondeu.

Sim, ela joga no time que aprecia um tipo de homem presente, especialmente entre os mais jovens: que escancara o coração, sem medo de ser feliz. Ele é "fofo". Mais fácil achá-lo na fila do cinema que no tatame de judô. Enquanto um espécime masculino convencional fala pouco, é reservado e teme nossa independência, esse é bom papo, prefere partilhar a mandar, vai para a cama preocupado em dar prazer e lava louça sem bufar nem quebrar suas taças de estimação.

O mais machão e o fofo só coincidem numa coisa: ambos são heteros, sendo que o segundo não liga tanto para os padrões de comportamento ditados pela sociedade quanto o primeiro. Ele se dá o direito de assumir características reconhecidamente femininas, dispensando estereótipos. Ficou interessada em um? Procure o seu, sabendo:

- *A dificuldade*: há muita mulher com carreira promissora atrás dele, por não percebê-lo como rival. Acredita que dividirá as tarefas domésticas e não vai tentar colocá-la numa posição submissa.
- *A desvantagem*: às vezes, dá saudade de uma pegada mais forte, viril. Além disso, toda mulher poderosa em algum

momento fraqueja e sente falta de se sentir protegida por um ser com poderes do Superman ou do Homem de Ferro.

- *O impedimento*: ele ser tão "fofo" a ponto de afanar suas calcinhas e se esquivar como um gatinho medroso diante dos conflitos. Resumindo, procure alguém nem tão sensível assim, pois um pouco de testosterona faz muito bem a qualquer casal; alguém que não saiba muito bem o que é um curvex, por exemplo.

Saiba como os caras se sentem

Historicamente, os homens aprenderam a estruturar suas relações por meio do poder, não do afeto, precisando reprimir o berreiro e outras fragilidades para responder às altas expectativas sociais de força e virilidade. "Eles foram ensinados a sempre ter soluções na manga, e não a pedir colo", reforça a socióloga Celia Belem. "Acontece que, no contexto atual, os papéis não estão mais tão claros nem tão estáveis – e fica a dúvida sobre qual é a serventia deles." Porque as mulheres cobram que sejam sensíveis, mas também não querem um chorão no travesseiro do lado, com inteligência emocional rasa. Exigem que eles dividam as tarefas, só que rejeitam a ideia de dividir a conta do restaurante e do hotel.

Pode-se especular se os homens seriam menos enigmáticos que as mulheres. Que, com um pouquinho mais de tolerância, a gente consiga compreendê-los e levá-los a fazer exatamente aquilo que desejamos que eles façam. Pode-se especular também que todos sejam um pouco Homer Simpson, o arquétipo do homem que justamente lutam para não ser: a soma de todos os defeitos, a personificação do sujeito com copo numa mão e controle remoto na outra, grudado no sofá. Se for verdade, não há como escapar de encontrar um numa telinha ou telona perto de você.

O que é real, para todo mundo ver: há um desencontro de expectativas. De um lado, mulheres reclamando que o cara não abraça as oportunidades de sucesso com a mesma garra, ficando em cima do muro entre ser um perdedor ou um vencedor. E o cronômetro está rodando... Do outro, os homens se queixando de que estamos agitadas, ansiosas e, principalmente, desatentas no cuidado com eles e com a relação afetiva.

Quem não ouviu amigas recitarem o melô de que os homens fogem de compromisso? Pois também ouço a rodo de entrevistados com barba na cara que não confiam que as mulheres estão compromissadas com eles.

Muitos têm lamentado que as mulheres buscam neles não um companheiro, mas um terapeuta de plantão 24 horas. E desse que apenas escuta! Se expressam o que pensam com sinceridade são tachados de frios, uns trogloditas. Nas horas livres, ainda fazem bico como carregadores de sacolas de shopping.

Certa vez, um ouvinte do programa *Dois em um*, da Rádio Transamérica, perguntou à convidada que aqui escreve: "Joyce, por que mulher pede a opinião do namorado sobre o que comprar ou vestir e depois faz o contrário?" O que mais eu poderia responder além de que somos contraditórias, faz parte do nosso charme?

Por outro lado, analise a situação desta leitora, que adoraria ver mais iniciativa da outra parte: "Deixei uma tela num canto para o meu marido pendurar. Passei por ela, ainda no chão, uma noite, duas... Na terceira, peguei o martelo de bater carne e... pum... massacrei o prego na parede, pendurei euzinha e fui dormir." Ela está errada? É uma estressada? Ou apenas prática?

O que mais falta é clareza sobre o que cada lado quer hoje do outro. As insatisfações femininas são muitas e as dúvidas masculinas sobre como nos agradar em cheio, também. *Está armada uma confusão que somente os próprios casais podem desfazer, dialogando.*

Uma sugestão para o Clube das Mulheres que Querem um Amor para Durar? Em vez de emitir mensagens dúbias, sendo ambivalente, melhor dar pistas mais precisas sobre como a ala masculina deve agir. Não adianta esperar que os homens decodifiquem uma gama enorme de necessidades suas a partir de uma queixa pontual. Por exemplo: perguntar "você não reparou no meu corte de cabelo?" desejando que o sujeito leia nas entrelinhas demandas mais complexas como "você não presta atenção em mim" e "você não é nada romântico". Ou dizer "Vou ficar feliz se você pendurar o quadro até no máximo amanhã" no lugar de "não adianta, você nunca faz o que eu peço".

Ajude a desatar o nó da incompreensão

Avançamos, varremos tabus, penduramos quadros. E acabou sobrando para quem? *Eles*, que ficaram sem terra firme para pisar. Ou alguém achou que seria fácil passar da condição de machão, bonzão, durão para... segundo da fila? Nossos homens foram atingidos no âmago do seu ser. E nada disso aconteceu por vontade deles, mas pela nossa. Então, tem caroço nesse angu para dissolver.

Inseguros, acomodados, perdidos – esses adjetivos nada agradáveis parecem liderar a lista negra de defeitos masculinos apontados pelas mulheres de hoje. Entrevistei uma candidata a estágio de jornalismo, 22 anos, que terminou o namoro por dois motivos: (1) o cara era um filhinho de papai que já havia abandonado duas faculdades e não tinha a mesma ambição profissional que ela; (2) descobriu que o babaca a traía com outra.

Ao que parece, os problemas masculinos começaram quando eles perceberam que não eram a única razão de viver feminina. Em outras palavras, por um bom tempo tiveram a ilusão de que a nossa felicidade estaria atrelada ao simples fato de esses provedores existirem, respirarem, repartirem cama e mesa. Achavam que, se pegassem gripe, nós quase morreríamos de preocupação.

Quando caiu a ficha de que poderiam ter pneumonia dupla que não seria o fim do *nosso* mundo, e, sim, motivo para se tratar com o médico... a coisa complicou. E olha que toda mulher sabe o drama que um homem faz quando dá mais de cinco espirros. Logo nos lembramos daquela frase-clichê: "Imagina se eles experimentassem as dores do parto...". Agora, falando sério, os reflexos da crise do macho alfa estão doendo na carne.

A boa notícia é que, se por um lado os representantes do "sexo forte" se sentem incomodados, do outro também estão louquinhos para reencontrar o chão nos relacionamentos. Fato é que atravessamos as duas partes uma fase delicada, mas acredito que dá para desatar o nó. Muitos já perceberam que precisam fazer sua revolução tanto quanto nós. A deles acontece de forma tímida só a-pa-ren-te-men-te.

É que está ficando comum assumirem, a psicólogos e amigos mais chegados, o desejo de nos compreender melhor e de repensar sua postura na vida a dois. Talvez por uma questão de sobrevivência, pois homem não consegue ficar sozinho, na opinião de dez entre dez mulheres.

Detalhe: cresce o número de machos com orgulho de ter uma mulher bem-sucedida, desde que ela não os humilhe. Exceto alguns reincidentes da Idade da Pedra, a maioria não procura mais a Miss Passiva, e, sim, a que acrescenta coisas boas à relação, que cria uma parceria. Veja bem, eu disse acrescenta, e não tenta dominar por completo um relacionamento que precisa ser construído a dois.

Já escutei, de vários entrevistados, reflexões do tipo: "A mulher não precisa mais da gente para nada. Como não acompanhamos a metamorfose delas, o distanciamento foi inevitável. A partir de agora, temos de correr para não ficar para trás."

E coitado de quem resistir à nova realidade! Como um que me contou ter proposto à esposa cobrir seu salário para que ficasse em casa cuidando dos filhos. "É uma pena que ela não tenha aceitado", me disse, desconsolado. Pensei, mas não disse: nessa estrada, meu caro, não há retorno – use sua objetividade e arrume outra solução.

Some forças com eles

A socióloga Celia Belem uma vez me contou, rindo, que virou um drama familiar decidir como cada uma (as filhas e ela) queria seu ovo. Todas indecisas, emotivas... Mexido? Estrelado? Ninguém responde... Não tenho a vida toda para esperar... Não conseguiam se entender até que o marido entrou na cozinha, quebrou a casca na quina da pia e dizimou as dúvidas.

Homem enxerga preto e branco, mulher vê todas as tonalidades de cinza. Homem olha para o fim da linha e mulher percebe as possibilidades de caminho. Homem precisou ter uma visão mais centrada na época da caça; mulher desenvolveu melhor a percepção subjetiva das experiências. Unindo tais habilidades, acho eu que a dupla tem tudo para chegar lá.

Eu confesso: preciso muito do meu marido para clarear minha visão das coisas, às vezes turva por causa de tantas emoções e verborragia. Já reclamei, por exemplo, de não ser bem compreendida no trabalho: "Quero desafios, eles me perguntam qual cargo eu desejo. Ora, se houver um desafio estimulante, não importa o cargo." Ouvi dele: "Joyce, empresa oferece cargos. Então, fale na língua deles, e não o contrário." Ele me ouve pacientemente e me dá produtivas "broncas" quando sou ingênua, quando viajo na maionese *light*.

Em contrapartida, mulheres quase enlouquecem com a distração masculina para detalhes, justificada pelos neurofisiologistas como culpa do cérebro (li que a percepção visual dos meninos se desenvolve primeiro no hemisfério direito, sendo que o esquerdo é o responsável pela decodificação das partes e minúcias). Mulher olha tudo, simultaneamente. Até por causa dessa vida multiatarefada de hoje, precisamos dar conta de tanta coisa que ficamos ligadas no 220 volts. Eles não vieram a este mundo com a capacidade de fazer-tudo-ao-mesmo-tempo-agora como nós.

Antes que se defendam, três histórias divertidas sobre a notória distração masculina:

1. Uma amiga fez um macarrão a jato, serviu nos pratos e pediu para ele pegar o queijo ralado na geladeira. Segundos depois, tinha coco ralado espalhado sobre a massa.
2. O filho de outra amiga estava com algum fungo numa unha do pé direito. O pai passou uma semana aplicando uma espécie de ácido no pé esquerdo. A mãe teve de pedir ao médico outro remédio, desta vez cicatrizante...
3. Uma analista de marketing do meu trabalho acertou detalhes da viagem a NY com o namorado. "Eu cuido de tudo e você, do mapa". O que aconteceu? Ora de mãos abanando, ora carregando sacolas, ele só observava a namorada perguntar a um transeunte: "Quinta Avenida fica para qual lado, *please*?"

Ok, também temos nossas falhas e loucuras, derivadas da rotina atribulada que levamos. Eu, por exemplo, já me confundi e mandei petisco de pimenta na lancheira do meu filho (veja que antes pimenta era castigo, agora a gente manda de lanche...). E, morrendo de pressa, comprei um macacão rosa para ele quando era bebê. (O preço estava ótimo! Mas esqueci que se convencionou que meninos jamais usam rosa. Só quando crescem).

Então, diria Elis Regina, noves fora, nada. Melhor pensarmos que ninguém é perfeito e tentarmos ser gentis e compreensivos uns com os defeitos de fabricação dos outros, não é mesmo? *É o que temos neste mundo com coração e sem ser de lata.*

Amacie o seu eleito com carinho (e outros estímulos)

Há mil maneiras de tentar ser gentil e compreensiva com alguém tão imperfeito quanto você, o que abrirá espaço para querer amar essa pessoa. Você pode experimentar estas iniciativas:

- *Valorize-o mesmo que o jeito de ser dele seja o oposto do seu.* Você é uma pessoa diurna e ele é noturno? Juntou-se um bagunceiro com uma organizada? Já parou para pensar que a graça pode estar justamente em ter ao lado alguém que enxerga a vida de maneira diferente? A não ser, claro, que sejam água e vinho em tudo, o que facilitaria um eterno festival de conflitos.
- *Reconheça que você só muda a si mesma, mas ele pode ser o seu espelho.* Se há uma coisa que aprendi, depois de escrever tantas reportagens sobre relacionamento amoroso, foi que é melhor acabar com a ilusão de que dá para transformar a personalidade do amado. Há vinte anos o psiquiatra Paulo Gaudencio me diz a mesma coisa: "As pessoas passam a vida toda dizendo que a gente só pode mudar a gente mesmo e faz força para conseguir mudar... os outros". A repetição é por causa da quantidade enorme de leitoras se queixando que o namorado não toma atitudes

que elas desejam, não se comporta como elas desejam, não pensa como elas desejam.

Mas tem uma coisa: a gente é incapaz de mudar sem alguém para ser nosso espelho. Explico: alguém para dizer *a* você quando está errada, e não dizer *de* você. Se não é possível manter uma amizade sem essa sinceridade construtiva, imagine uma relação de amor! Esse homem, a quem entregou seu nobre coração, joga no seu time, ou não?

- *Adoce seu estilão autossuficiente.* Homem gosta de mulher inteligente, sim. Mas minha experiência diz que se incomoda com aquela autossuficiente, que vive mandando recado de que não precisa dele para nada. Cá para nós, precisar... não precisa. Nem para sexo, se é que você me entende. Mas tem graça fazer tudo, o tempo todo, sozinha? Carinho amacia e abre frentes para trocas e diálogo. Falando em trocas, favoreça o apoio mútuo emocional e profissional. Ao estimularem-se um ao outro na carreira, confirmam-se como capazes.
- *Valorize habilidades do outro que você não tem.* "Ao reconhecermos aquilo que não faz parte de nossa natureza, colocamos aquele que amamos como indispensáveis", avisa Celia Belem. Além de o encorajarmos a novas conquistas. E, assim, criar um círculo virtuoso.
- *Tire tantas minhocas da cabeça.* Temos uma mania estranha de desconfiar, mesmo sem pista concreta, de que sempre há algo errado na relação. E, sejamos sinceras, nunca passa pela nossa cabeça que pode ser alarme falso, por mais que o homem negue de joelhos. Conto uma história engraçada para exemplificar: uma assessora de imprensa me contou, rindo, que acordou no meio da madrugada e, ao esticar o braço, não encontrou o marido na cama. Intrigada, se levantou e foi até a sala. Encontrou o amado sentado na *bergère* com a mão apoiando a cabeça. Xi, preocupação no ambiente, e era coisa séria para bater insônia – aquela pulga atrás de sua orelha a avisou. Ajoelhou-se ao lado do braço da poltrona e disse:

"Querido, se abre comigo. Qual é o problema?" Ouviu: "Você enlouqueceu? Eu me esqueci de dar a comida do cachorro e estou esperando, morrendo de sono, descongelar no micro-ondas."

- *Evite dar indiretas.* Quando tentamos dizer de maneira velada aquilo que desejamos, eles se sentem desafiados em sua inteligência. Seu amor esqueceu o aniversário de namoro? Não se estresse, não o estresse. Diga e convide-o a comemorar.

Resolva quatro questões existenciais masculinas

Para mostrar que eles têm lá suas inseguranças, como nós, listo algumas perguntas que eles morrem de vontade de verbalizar. Como sentem medo de fazê-las, torcem para que a gente, muito mais falante, as adivinhe. Portanto, vão adorar a mulher que saciá-las, e pensar que essa tem alguma capacidade cósmica de intuir os pensamentos dele. Vamos a elas:

1. *Sou o melhor homem que você já teve?* O objetivo é muito mais aplacar o nervosismo quanto à sua *performance* e pedir que diga, sem ser de um jeito ameaçador, como dar mais prazer a você do que ouvir a mentira de que ele é o único, estupendo.
2. *Por que alguém como você gosta de um cara como eu?* Tem a ver com a imagem desajeitada e tomada de espinhas da adolescência. Tanto ele quanto nós sonhamos em ouvir que somos o par ideal.
3. *Você tem alguma fantasia que gostaria de realizar comigo?* Ele certamente tem muitas... e quer encontrar um canal para dizer assim que você compartilhar uminha sua. Claro que não tem de aceitar se pendurar no lustre, se não quiser, mas é saudável demonstrar que o relacionamento de vocês não está fadado ao papai-mamãe de sempre.

4. *Você acha algum amigo meu interessante?* Ah, os amigos... Ele, que conhece muito bem a turma, morre de medo de perdê-la para os tais gaviões. Para piorar, o ego masculino é frágil no que diz respeito à aparência e ao poder de atração.

Selecionei essas quatro perguntas (há outras, mas o livro ficaria interminável) porque mostram inseguranças simples de sanar, até um pouco infantis, mas capazes de aumentar a segurança e a valorização deles, encorajando-os a também investir no amor. Pelo que leio, pesquiso e escuto, concluo que os homens estão, sim, tentando cavar um espaço em que possam continuar exercendo sua masculinidade sem ferir a autonomia conquistada pelas mulheres.

Portanto, se você conseguir escapar das comparações, ser menos dura consigo e com o outro (aliviando o nível de tensão no convívio), mostrar-se disponível a ouvir tanto quanto quer falar, cuidar da relação a preferir descartá-la na primeira barreira, vai ter fila de interessados a construir uma bela (e real) história de amor.

Para entender melhor os homens, nada como ler a entrevista que fiz com Contardo Calligaris. E para dar um voto de confiança a eles, conto detalhes da história de amor de um casal pouco provável, formado por uma empresária e um pescador, mas que transparece estar muito feliz.

Entrevista especial

Pedido de casamento

Contardo Calligaris é psicanalista, escritor, colunista e, como se ainda precisasse, bastante carismático. Italiano de Milão, está no Brasil há mais de vinte anos, depois de morar na Suíça, na França e nos Estados Unidos.

Perguntam muito a você sobre o que as mulheres querem, e sua resposta já sabemos. Por que os homens parecem tão contraditórios quando o assunto é amor?
Espera-se deles um discurso geralmente muito diferente daquele que teriam se não houvesse a expectativa social. Espera-se que se queixem do peso das relações fixas e que falem no círculo de amigos, na padaria... de suas numerosas conquistas e de quanto as coisas seriam mais divertidas se estivessem solteiros. Na esmagadora maioria dos casos, isso não tem nada a ver com o que querem.

Na essência, o que eles querem?
Querem se casar. Ter uma vida a dois, uma mulher que lhes dê um lar.

Como mãe de filho homem, fico pensando que a gente também colabora para criar essa necessidade, não?
Colabora para as duas coisas. Isso porque essa cobrança social de que o homem seja um Dom Juan é fortemente reproduzida pelas expectativas da mãe. Quer que ele transe com todas, mas não se case com nenhuma. Assim, ela acaba se tornando a única mulher que importa na vida do filho.

Só que o homem quer se casar, quer uma casa...
Isso. Tem necessidade de um lugar para voltar, aquela sensação de pertencer ao lar. Coisa que, sozinho, não consegue.

Mesmo assim o que mais se vê é homem-canguru. Ele já fez pós-graduação, ganha bem e continua na casa da mãe. Isso interfere na percepção feminina de que é avesso a compromisso, não?
É possível. De alguma maneira sair de casa tem se tornado cada vez menos provável. Porque ele se instalou

na posição de filho. E ninguém se torna homem sem sair da posição de filho. Há uma série de razões para isso. Começando pela econômica, na qual eu não acredito. E tem a diminuição da prole, que faz os pais deixarem o filho narcisista. Ou seja, estão querendo que aqueles dois garotos, no máximo, sejam a cura para todos os seus desejos frustrados. Investem mais neles, mas, também, se prendem mais neles...

Como ele vai perceber que quer se casar vivendo nessa redoma?
Talvez ele consiga canalizar esse desejo ficando do lado da mãe, "casando-se" com a mãe. Tudo bem. Mas não dá para dizer que isso seja a solução social. Casar-se, ele quer, desde muito cedo. Trabalho clinicando para adolescentes e adultos de ambos os sexos e acho que talvez mais homens do que mulheres queiram hoje namorar firme.

Por serem de uma geração que conquistou o direito de só "ficar", então as meninas querem usufruir?
Claro. Na visão delas, os meninos estão insuportáveis porque querem um namoro que imita um pouco grotescamente um casal de velhos. São caseiros, desejam tomar sopinha na cama e ver tevê. E as meninas não aguentam, querem ir para a rua. Colabora para essa relação precoce ficar tediosa o fato de, motivados pela falta de segurança, pais autorizarem que os filhos durmam juntos. Viram um casal aos 15 anos. Quando crescem, não veem mais novidade naquilo.

Bagunça um pouco o desejo de se casar?
Exatamente, porque estar casados significa apenas que, de repente, vão pagar um monte de contas e que a empregada deles não será mais a dos pais. De resto é tudo igual.

Nesse cenário, dá para dizer que a libido também sai prejudicada? Há pesquisas mostrando casais jovens que quase não transam mais.
Há uma espécie de aceitação entre casais jovens de transar uma vez por mês ou por bimestre, sem esforço para ser diferente.

Esse casamento sem libido pode durar?
Às vezes dura, mas é um pouco triste. Acontece com muitos casais a partir do nascimento do primeiro filho. Param de ter relações sexuais não só durante certo tempo, o que seria compreensível. Param mesmo.

E tem volta?
Tem, claro. O esforço começa fora da cama, porque você não vai de repente entrar no quarto e... usufruir uma noite incrível. E geralmente não é só mulher que se anula diante dos próprios olhos e dos olhos do marido, numa posição mais de mãe que de mulher. O homem também pode perder o interesse sexual por enxergar aquela que acabou de dar à luz como extensão da figura materna. No fundo, começa a achar muito prático: ele se infantiliza e volta a sentir algo próximo de quando era criança. Tem uma mulher que é uma mãe, que o recebe. E é claro que ambos estão dispostos a um "acidente": um encontro com um terceiro que vai jogar uma bomba nesse casamento.

Como um casal pode manter uma vida sexual ativa?
Sexo é trabalho. É preciso alimentar o próprio desejo com fantasias. Pensar em sexo não só quando estão juntos. Pensar no fato de que vai ser bom transar com a sua mulher, quando, como... Nesse sentido, a internet ajuda.

E quem procura mais excitação na internet: o homem ou a mulher?
Nos sites de relacionamento, as estatísticas mostram que há muitas mulheres. Se elas vão buscar romance e

eles, aventura? Isso também faz parte da expectativa social. Os homens têm de passar a imagem de que querem somente as mais novas, a fim de transar. Do lado feminino, imagina-se que elas estão virgens procurando o príncipe na internet. Mas a verdade é que também querem uma transa nova. Aliás, é uma grande fantasia de ambos.

Você já disse que se perde o interesse na horizontal por preguiça. É porque a energia está direcionada para a carreira? Ou é desestímulo mesmo com o sexo, que banalizou, ficou muito fácil?
É uma dúvida frequente: o sexo satisfaz menos porque as pessoas se voltam mais para a carreira ou o contrário? Falando da mulher, a vida profissional se tornou atraente, acessível, então é possível que deseje mais a carreira, o que a leva a "trair" o romance e o sexo. Não sei bem como colocar isso, mas a partir dos anos 1980 a ideia de uma vida sexual livre e promíscua diminuiu; uma espécie de ressaca às décadas de 1960 e 1970, que provavelmente ganhou força com a aids. E isso aparece, por exemplo, na constatação de que as fantasias dos jovens de hoje estão reduzidas e comportadas. Daí começa a transferência de energia. Acontece com aquelas pessoas que não transam durante a semana porque acordam às 6 da matina para ir à academia.

Você acha que também estamos com dificuldade de trocar afeto por vivermos numa sociedade mais individualista?
Eu simpatizo com o individualismo, porque tenho uma visão antropológica dele... Se você não for um pouco egoísta, não se autoconhecer, não vai formar um casal, ficando na sua família de origem. Veja o exemplo de Romeu e Julieta, que decidiram que suas famílias não mandariam em seus desejos íntimos. Pouco importa que a minha mãe não queira que eu me case com

aquela moça, eu a amo. É bom desenvolver esse individualismo. Senão o amor se torna um negócio: você espera para saber se os outros aprovam, se é conveniente.

E como você põe na balança o individualismo e a relação a dois, para que seja boa?
Respondo com uma frase maravilhosa de Jack Nicholson no filme *Melhor é impossível*: "Você me faz querer ser um homem melhor". Ele precisa dizer algo bacana para apagar a ironia que fez sobre o vestido da Helen Hunt. Então, procura, procura e fala da influência dela no indivíduo que ele é agora. Tem uma dialética abrangendo casal e individualismo nisso. O que eu espero da minha parceira ideal, por exemplo, é que ela revele coisas sobre mim que eu não sabia; que ela me permita desejar coisas que eu nem desconfiava que desejasse; que me autorize coisas que eu me proibia.

Você vê menor tolerância às frustrações? Nessa ânsia de buscar a felicidade, tentamos de todo jeito escapar da dor?
O que constato na minha clínica é que as pessoas chegam rapidamente a extremos, a declarações verbais de separação. Às vezes, a cada dois dias. É uma espécie de intolerância, sem nuances, do tipo: "Se é assim, então vamos cada um para um lado". Ambos falam, mas nem por isso cumprem. Só sei que a sensação de insegurança na relação aumenta de maneira inquietante.

De não saber se o outro está no jogo?
Isso. De que a qualquer momento esse negócio pode quebrar. Você não sabe mesmo quanto ele é forte! E uma das coisas mais legais de um casamento é justamente sentir que os dois estão juntos para valer, na alegria e na tristeza. Impossível imaginar que se reverta essa tendência de ir direto para a separação se algo não der certo. O que pode mudar é os dois fazerem o que

precisam com mais vontade, para que a união se imponha como o fundamento da vida de ambos.

Depoimento especial

A empreendedora e o pescador

Rosely Brancaglione, carioca radicada em São Paulo e empresária reconhecida no ramo de conserto de sapatos pelas grifes mais badaladas.

Nunca coloque todos os ovos na mesma cesta – se o conselho serve bem ao bolso, há de ser útil também ao coração, concorda? Rosely responderia: sim, sim, sim! "Você precisa experimentar tudo, viver", garante. "Se eu fizer um resumo da minha história, não tiro uma vírgula. Trabalhei muito, me diverti tanto quanto, na mesma proporção."

Eu sei, acompanhei sua história. E quis entrevistá-la porque, mesmo sendo uma empreendedora nota dez, reconhecida no ramo de conserto de sapatos pelas grifes mais badaladas, não se fechou aos investimentos amorosos – a seu modo. Já tinha provado, testado, acertado, errado de montão no quesito romance. Daí, com 39 anos, encontrou o homem que é o seu número a 350 quilômetros de casa. Um pescador dos bons.

"Por causa do Sergio, mudei de fase. Já com a maturidade e a tranquilidade de ter conquistado o que queria no terreno profissional (minha empresa fez aniversário de 22 anos muitíssimo bem de saúde)."

Rosely bem que sentiu, em algum momento, aquele "furor uterino" de querer ter filho. "Se quisesse *mesmo*, arrumaria um pai, um colaborador." O Sergio também havia pensado nisso, mas ficou ali no limbo e acabou não tendo nenhum.

Ele entrou na minha vida aos poucos, não me pressionou, até que me fisgou com arte. Por mais de seis anos, continuou morando no litoral carioca, onde trabalhava como pescador. Nós nos víamos nos fins de semana, feriados e afins."

Pois a empresária cheia de garra, talento e criatividade adorou cair nos braços do mestre dos mares, que comia e dormia bem, não pegava trânsito nem lidava com planilhas e funcionários. As pessoas acharam esse romance estranho, original, alternativo, exótico. Apostavam durar seis meses no máximo!

"Só que a gente foi se ligando e, contrariando as expectativas, hoje moramos juntos. Ele está aprendendo o meu ofício e se acostumando, na medida do possível, a uma rotina urbana, com tudo o que há de bom e de ruim. Seu espanto maior é com a má educação e intolerância do povo no trânsito. Se quisesse, me mudaria para o litoral. Mas ainda temos muito gás para gastar, profissionalmente falando. É uma festa ir trabalhar. No presente, meu amor conhece melhor o meu estilo de vida. Futuramente, vou saborear o dele – e será tudo de bom.

"Brinco com o Sergio: 'Não sou sua mulher, você ainda não me pediu em casamento'. Ele responde: 'Vou pedir na hora certa'. Gosto dessa calma dele. O cara estava num hábitat mais natural, eu que fui buscar.

"Pescar é esperar, me ensinou. Então, ele não me apressa quando estou me arrumando, por exemplo. Diz: 'Uma hora, eu sei, você vai ficar pronta'. Simples assim. Que bom que eu não preciso de um provedor. Não me interessa o que o cara tinha. Queria o básico, como ser honesto."

Vamos combinar que fisicamente ele também a interessa bastante: musculoso, sadio, bronzeado. "Além disso, pude enxergar no Sergio e em mim mesma mais coisas boas. Numa relação, você tem de se permitir amar e se entregar. Se pensar 'sou uma superprofissional, então não vou dar nada sem ter certeza', o outro também não dará. Graças ao Sergio me sinto mais tranquila, mais gentil, mais equilibrada. Ah, uma mudança visível foi na minha geladeira: quando eu morava sozinha, era zerada, para não engordar. Agora, nem ela está vazia."

Rosely dá sua teoria para suas amigas solteiras buscarem a cara-metade e não acharem: o mito do príncipe encantado ainda está muito arraigado na sociedade, e isso só atrapalha. "A relação deve ser com o indivíduo, e não com o que ele tem (ou aparenta). Exige-se muita coisa desse candidato. Um excesso de garantias, de expectativas. Assim não rola. Não por acaso tem tanta mulher se virando sem sapatinho e carruagem. Se me preocupasse com o que o Sergio tem, e não com quem ele é, não teria encontrado o amor da minha vida."

Ela avisa às navegantes que cabe a cada uma abrir o leque dos investimentos afetivos, sendo menos conservadoras na ação e nos pensamentos, em vez de colocar todos os ovos (as alegrias) numa única cesta (a carreira).

"Caiu no nosso colo a opção de fazer uma trajetória sem casamento convencional, sem ter filhos. Felizmente somos de uma geração em que podemos escolher qual modelito amoroso nos veste melhor. Vamos dispensar?"

Atitude 3

Achar tempo e energia

- Inclua você na sua agenda;
- faça algo incrível sem tornar-se a rica do cemitério;
- use suas quatro forças;
- alivie a pressão para não estourar;
- lembre-se de que o escritório não é a sua casa;
- ouça mais o silêncio;
- resista a ser tão controladora;
- faça sua revolução devagar;
- dê-se ao luxo;
- encontre sua saída.

Quem diria, uma antiga queixa feminina é, atualmente, uma das mais comuns dos homens: ela só trabalha, não tem tempo para mim e está sempre cansada. Aliás, a palavra "cansada" sai da boca de quase todas as trabalhadoras que entrevistei nos últimos anos. É praticamente uma epidemia entre mulheres ocupadas, principalmente as sugadas por sistemas espartanos de cobrança por resultados. Daí, ficam órfãs de vida pessoal, como se isso não refletisse na *performance* profissional. E reflete, eu aposto.

Só que ainda vai demorar um pouco para os patrões e clientes mais apressados, impacientes e ruins de planejamento ouvirem seus apelos por mais tempo livre, horários flexíveis, uma relação de trabalho mais humana. Então, o plano de construir um amor para durar continuará em perigo.

Como nesses filmes de ficção científica, tem de salvá-lo, incumbindo-se do desafio de criar sua própria poupança de tempo e energia para gastar com a vida afetiva. Aqui e agora (no futuro é ilusão). Como a gente faz com o dinheiro – não cai do céu, não dá em árvore, só cresce com investimento.

Mesmo acelerando no trabalho, posso decidir agir de uma maneira mais humana e *relax* na vida pessoal, não? Posso ser menos mandona e mais negociadora, não tratar meu homem como funcionário, coisa que ele não é. Posso tomar as rédeas da minha vida e andar de acordo com o tempo que *eu quero* gastar. Mudar. Olhar para a minha energia como um bem sustentável, escasso, meu ouro.

Como melhorar a situação até você ganhar na loteria? Reuni algumas ideias.

Inclua você na sua agenda

Sala maior, equipe maior (com bajulação maior). Salário bem maior, *stress* beeem maior. Tempo e energia para amores, amigos, risada fácil, cuidar dos cabelos e da suspeita de gastrite? Beeeeeem menores. Quer *mesmo* ser chefe? Ok, você sempre aspirou subir, subir, subir. Está prestes a conseguir uma posição invejável – ou, que ingenuidade a minha!, talvez até já tenha cadeira cativa no Olimpo. Uau!

Conselho de amiga: antes que a sua agenda engula você, escreva com letras garrafais em várias páginas durante o ano:

PAUSAS PARA TOMAR FÔLEGO. Se há algo que ninguém fará por você é isto: lembrá-la de que é de carne e osso e que há vida do lado de fora do escritório. Merece viajar, fazer sexo, dar risada, relaxar, ver dois DVDs seguidos, ler um romance ficcional numa tacada só... cuidar do seu romance da vida real.

Ninguém é de ferro *mesmo*. Começamos a semana no maior pique. Na quinta-feira damos o que os teóricos da produtividade chamam de "arrancada final" para tentar não levar trabalho para casa no fim de semana. Quando a sexta-feira chega estamos de língua de fora, exaustas demais para trocar chamegos com alguém. Sexta virou o Dia Mundial do Rabo de Cavalo, pois falta ânimo até para lavar os cabelos. Tudo leva a crer que também seja sinônimo de Noite Universal do Cansaço E do Me Deixa em Paz. Ainda tem dúvidas de que precisa agendar pausas para tomar fôlego?

Por um bom tempo eu achava que, se não estivesse na redação, a revista do mês não ficaria pronta. Que prepotência a minha. Ela fica. Sempre fica. É um trabalho de equipe. E todos são supercompetentes. Deixei de tirar férias quando devia, faltei a encontros com amigas, curtia meu marido menos do que queria, cheguei a enfiar comida na boca do meu filho, na época com 3 anos, para correr para o computador de casa e poder aprovar matérias.

Em pleno domingo, já levei textos para canetar na entrada do cinema e do zoológico, enquanto meu marido distraía o nosso pequeno. Também trabalhava enquanto dois cabeleireiros esticavam minhas madeixas ou a depiladora puxava a cera quente da minha perna. Produzia freneticamente, até mesmo nos fins de semana, acordava de madrugada nervosa e precisava trabalhar nem que fosse por uma hora para conseguir voltar a dormir.

Não faço mais isso. Continuo dando o sangue naquilo que mais sei fazer na vida: disseminar conhecimento. Só que me policio para não querer abraçar o mundo. Procurei render mais na parte da manhã, com a mente menos lotada. Reduzi as interrupções.

Abriu meus olhos ter descoberto uma pequena calcificação no seio. Podia ser apenas leite da amamentação endurecido ou sinal de coisa bem pior. Na sala de espera do mastologista, eu pensava: não pode ser nada grave, tenho um filho para criar e muito ainda para viver. De fato, não era nada grave, mas o susto serviu para eu querer equilibrar mais meus interesses (e são muitos).

Trabalho no trabalho. Faço pausas para cuidar de mim, ir a eventos sociais e dar atenção ao meu casamento. Como não fico tão cansada quanto antes, sou mais ágil e criativa no batente, dou resultados melhores em menos tempo – e, incrível, me sinto mais valorizada agora do que quando me descabelava. Beijo mais o meu marido, passeio mais com a minha família e escuto que estou mais alegre e bonita.

Mas sei que, dependendo dos profissionais que estão acima de você, essa mudança de postura pode ser bem complicada. Aí terá de decidir o seu limite.

Faça algo incrível sem tornar-se a rica do cemitério

Economistas e psicólogos da Universidade de Warwick, na Inglaterra, descobriram que uma promoção no trabalho aumenta nosso nível de *stress* em 10%. (Só?! Tenho a impressão de que faltou um zero nesse cálculo, não é?) Culpa da pilha de tarefas e das responsabilidades, que crescem feito bolo no forno, principalmente quando não dão a você autonomia para resolver. Estou sendo dramática? Pode ser. Mas vou contar uma história, sem entregar o nome, é óbvio, porque essa leitora continua no tal cargo de poder numa multinacional.

Ela queria progredir, bateu na mesa do diretor brasileiro exigindo uma chance para provar o seu valor, ou cairia fora. Funcionou. Recebeu um grande desafio: lançar no Brasil um projeto bem-sucedido lá fora. O patrão tinha altas expectativas, então cobraria resultados gigantescos de quem abraçasse a causa.

Passados dois meses, nós nos encontramos num restô luxuoso. Não que ela se arrependa, mas pediu para mudar de assunto quando fiz a pergunta básica "como vão as coisas no novo cargo?" Respondeu assim: "Não quero nem falar para não começar a chorar. Estou cheia de cabelos brancos e larguei minha casa, marido, filhas à própria sorte. É muito difícil viabilizar ideias, e não tenho equipe direito. Jogaram a batata quente no meu colo, e eu que me vire."

A protagonista dessa história estava cansada de dar dó. Em tão pouco tempo! Comparando com seu jeito indignado em almoços anteriores, por não ter sido promovida ainda, parecia outra pessoa. Abra os olhos, minha amiga, porque, como diz o empresário estrelado Steve Jobs, CEO da Apple, o segredo do sucesso é fazer algo incrível *sem* se tornar a pessoa mais rica do cemitério.

Use suas quatro forças

A verdade é que assumimos mais e mais responsabilidades porque queremos mostrar que temos uma variedade de talentos, além de, óbvio, precisar pagar as contas. *E por que embutimos nesse pacote a crença de que devemos ser sempre agradáveis e estar dispostas a qualquer coisa? Até quando?* Sem ter a autoridade adequada é desperdício de tempo e de energia emocional e intelectual.

Com cobranças desmedidas e possibilidades nulas de falhar, nosso espelho tão lindo pode trincar e ser alvo fácil para a depressão, a ansiedade, a amargura, a angústia da inadequação. E tudo isso vai impactar na nossa vida afetiva como um *tsunami*.

O bom é que você tem dentro de si armas para não deixar a coisa ficar tão feia para o seu lado, minando sua energia para tudo. Desde que fique atenta e reme contra um destino que não trará a felicidade que almeja. Um estudo realizado pela Clínica de Stress e Biofeedback[19], em Porto Alegre, mostra que não é preciso endurecer tanto para alcançar o sucesso. Estes quatro fatores tipicamente femininos nos fortalecem nessa jornada:

1. Temos mais facilidade em verbalizar as emoções.
2. Somos mais conscientes dos limites físicos e emocionais, procurando ajuda nos primeiros sinais de ultrapassagem perigosa.

19. Mais informações sobre a clínica no site: www.anamrossi.com.br. (N.E.)

3. Recorremos a técnicas de relaxamento mais regularmente.
4. Cultivamos alguma crença religiosa, nos alimentamos espiritualmente, demonstramos mais fé.

Sou uma budista que não piso numa reunião de oração há anos porque começa às 19 horas. Quem pode ser dar ao luxo de largar o mouse às 6 da tarde numa redação de revista? Mas bem que já repeti *Nam-Myoho-Rengue-Kyo* nas vezes em que a barra pesou, porque o mantra me ajudava a manter a calma e a esperança de que, sim, íamos mandar a edição no prazo certo à gráfica e, se a "Nossa Senhora das Bancas" ajudasse, vender muuuito... Assim, honrava meu emprego e minha fama de excelente editora-chefe: aquela que entrega – para usar um jargão da moda – e pode ir para casa namorar em paz.

Alivie a pressão para não estourar

Para poupar energia, é preciso dar um jeito na pressão que a gente enfrenta de todos os lados. Ela vem de fora, do ambiente, e afeta nosso organismo, gerando esse fenômeno tão presente chamado *stress*. Explico a diferença entre pressão e *stress*, e como se relacionam, porque muita gente pensa erroneamente que são sinônimos. Eu considero que não são, mas uma coisa leva à outra com um poder de estrago assustador.

Pondo em águas cristalinas, se exigem de mim além do que eu posso dar, estão me pressionando. Daí, eu fico agitada, sem dormir, devorando caixa de bombons porque não consigo corresponder às expectativas dos outros, estou estressada. E qualquer mudança, essa geradora-mor de pressão, só acontece quando você se compromete com ela. Não adianta também saber o que deve fazer se não estiver emocionalmente capacitada, concorda comigo Paulo Gaudencio, psiquiatra fera em traduzir emoções.

O relacionamento entre a maioria das empresas e as pessoas que estão nelas – a serviço delas – se dá como se só existisse razão, sem emoções, especialmente as inconscientes. Ou ninguém teria ouvido ao menos uma vez na vida: "Aqui dentro você tem de ser profissional, um soldado". Leia-se: somente pense, não sinta. E isso se processa de um jeito tão intenso, gerando uma senhora pressão, que a gente se estressa e pode fazer coisas inimagináveis.

Talvez o episódio que conto a seguir seja um exemplo disso (ou, então, a protagonista da história é um caso perdido, digno de camisa de força). Fato é que eu fazia supermercado numa brecha de 20 minutos entre levar meu filho para a escola e correr para o trabalho, quando fui atacada por fruta do conde, margarina... Passava minhas compras pelo caixa quando uma mulher na fila ao lado cismou que a funcionária olhava feio para ela e começou a atirar os alimentos da sua cesta na coitada. Que abaixou a cabeça.

Em quem pegou? *Moi*. De costas, só vi uma fruta-do-conde batendo na minha coxa, a margarina nas costas... A mulher gritava, xingava a outra, que rapidamente foi levada para o fundo do estabelecimento. Não entendi nada. Só sei que tive de voltar para casa e vestir outra roupa. Quanto *stress*, logo de manhã! Se a moda pega, vai ter guerra de fruta-do-conde por aí.

O ponto é: se deixamos a pressão nos estressar demais, o coração paga o pato, a parte digestiva (bem sensível) somatiza, a imunidade vai parar no pé (tanto que é comum a gente ficar doente quando sai de férias e finalmente relaxa). Bate irritabilidade, isolamento, tristeza, desamor. Eu tenho dó das executivas *workaholics* que tomam remédio de tarja preta por sufocar suas emoções. A vida pessoal sobrevive ao diagnóstico acima? Dá para ter um amor saudável com esse *background*?

Lembre-se de que o escritório não é a sua casa

Vivemos uma realidade tão louca que já não nos damos conta de quanta coisa, que deveríamos fazer fora do escritório, acabamos trazendo para dentro dele. Comer, ver tevê, papear com amigos pelo Facebook... Pensava nisso enquanto assistia ao pessoal da redação vizinha servir-se de sanduíches sobre o teclado, com mostarda pingando sobre algumas letras.

Enquanto ouvia o barulho da mastigação, baixinho, olhei para as peças de roupa penduradas no mancebo da nossa redação, vindas da lavanderia interna da empresa, e pensei: há algo que a gente ainda não possa de jeito nenhum fazer no escritório? Dormir? Eu já dormi. Era tarde da noite, chovia muito, eu morava longe e estava sozinha, então descansei num sofá preto.

Dar à luz encabeçou minha reduzida lista de ações inimagináveis nesse espaço nada privado. Gente de biquíni ou de pijama também nunca vimos (mas o próximo passo das empresas ávidas para ter sua equipe *full time* dedicada a elas talvez seja fazer concessões no *dress code*. Já pensou?). Falando sério, resista a ficar no escritório mais que o necessário e vá reciclar sua energia.

Ouça mais o silêncio

Seria ótimo que todos nós tivéssemos como hábito recarregar as baterias meditando. Mas, eu assumo, para mim é difícil. Sou elétrica, ainda não atingi esse estágio. O que comecei a fazer de uns anos para cá e deu bons resultados na carreira e no amor foi praticar mais o silêncio, respirar fundo e contar até dez para falar. Virou quase um antídoto contra tantos estímulos sonoros, falação, solicitações, diálogos estressantes. Poupou meu tempo e minha energia para aproveitar melhor as pessoas, o trabalho, os momentos de romance e com meu filho.

Nossa mente anda tão inquieta! Ela trabalha domingos e feriados também. Trabalha em casa, no carro, na academia, no escritório, no banheiro... É mais *workaholic* que a própria dona. Pensa, sente, pensa, sente. Pensa mais que sente. E também pensa com o propósito de racionalizar as coisas – e, assim, esconder o que sente. Pensa tanta coisa diferente (e com tanta rapidez), que deixa a mulher moderna completamente exausta. Desejando que existisse um botão na cabeça de liga-desliga – já imaginou? Eu, várias vezes.

Na hora do sexo, então, esse botão seria providencial. A gente bem que tenta desconectar a mente e deixar a emoção rolar, mas ela quer insistir em trabalhar, fazendo listas de tarefas e disparando lembretes, o que põe em risco todos os esforços do homem para excitá-la. E quem começa a sair com um cara novo, então? Quase trava uma batalha interna para a mente parar de julgar a roupa dele, os gestos dele, o cabelo dele, o perfume dele, o português dele, o humor dele... Que juiz impiedoso é esse!!

Junte-se a isso uma verborragia feminina por vezes incontrolável a nós mesmas. Falamos compulsivamente sem nem sabermos direito onde queremos chegar. Num grupo de saias, se todas estiverem caladas, é mau sinal. Premiamos profissionais que falam mais, depois reclamamos de reuniões intermináveis. Interrompemos os outros (incluindo os homens da nossa vida) com facilidade. No fundo, estamos mais pensando em voz alta do que compartilhando.

Não, não é fácil exercitar a discrição, ouvir mais (principalmente a nós mesmos), sossegar o facho, aquietar a mente e o coração. Ainda mais nos dias de hoje, quando a nossa turma expõe a vida, bem mais que o necessário, em *videoblogs*, no Facebook, no Twitter.

Quando perseguimos a mudança, garantir momentos de introspecção é uma medida importantíssima para podermos enxergar mais claramente: (1) se estamos contentes com o que conquistamos; (2) como queremos viver; e (3) o que importa realmente. E tem mais: serve também para nos livrar de pensamentos tóxicos, daquela vozinha interior que quer nos convencer de que não somos capazes, não merecemos.

O mundo atual valoriza a palavra, mas o silêncio pode ser revolucionário. Pode ajudar a tomar uma decisão que dará uma guinada na vida pessoal e profissional. Então, não o subestime. Usufrua desse energizante grátis. Em um momento delicado, é demonstração clara de poder sobre si mesma. Um amigo que está sempre do seu lado – e jamais trai.

Se você quiser fazer o teste, saiba que ajuda: ouvir música relaxante, escapar de lugares barulhentos, olhar mais fixamente para um ponto e deixar a mente "passear", afastar-se de vez em quando de gente tagarela, responder mais com sorrisos. Aliás, trocar a expressão falada pela corporal pode ser uma opção inteligente. Experimente abraçar a pessoa enquanto elabora melhor o que falar.

Por último, não fique tão alerta assim a tudo e a todos. Quem inventou a regra de que a gente tem de responder a todas as perguntas? Essa obrigação cansa tanto a gente...

Resista a ser tão controladora

Você já ouviu mil vezes que é importante delegar para crescer na carreira. Mais importante ainda é delegar as tarefas *domésticas* para crescer na carreira e no seu romance. Eu, por exemplo, não consigo dizer de manhã o que vou querer jantar. Remunero bem uma ajudante do lar para administrar o cardápio e confio que vai dar certo. Agora, se ela faz macarronada enquanto eu desejava encontrar um grelhado com salada (mas só descubro quando já estou à mesa), como o que vier agradecida.

Pego leve nessa hora. Minha ajudante se nega a pôr cobertura em bolos e vive mudando os enfeites da casa de lugar. Digo às amigas que "obedeço". Ora, não está nos meus planos ganhar troféu de rainha do lar. Vale mais levar os perrengues do cotidiano menos a sério. Descontrair.

Agora, uma coisa você deve controlar de perto: a sua saúde. Ela está 100%? Há quanto tempo vem adiando a ida ao gineco e ao dentista? Se nunca faz exames nas datas certas ou foge dos médicos porque vive cheia de trabalho... cartão vermelho para você.

Não custa nada eu assustá-la um pouquinho lembrando, por exemplo, que temos duas vezes mais chances de morrer de infarto que os homens. Para complicar, em 20% dos casos os sintomas são atípicos, diferentemente dos apresentados pelo sexo masculino.

Faça sua revolução devagar

Se eu fosse você, apreciaria algo a quilômetros de distância, como a Lua Cheia, o pôr do sol, o formato de cada nuvem. É mais relaxante do que pensa, e seus olhos ficarão menos míopes e mais saudáveis. Como curiosidade, a população de míopes dobrou nos últimos vinte anos e o índice deve aumentar enquanto os olhos ficarem grudados no computador, no celular e na tevê.

Viajar também faz a mágica de retomar o olhar interessado, enxergar a vida além de um palmo do nariz. Se não der, ao menos batalhe para sua mesa de trabalho ficar próxima a uma janela. Escrevi uma vez que é fundamental a qualquer profissional poder olhar para o infinito de vez em quando, para não se sentir "encaixotando Helena" (referência a um filme bizarro com título autoexplicativo). Tais medidas ajudam a não chegar à noite tão cansada.

Acordou pouco inspirada, com predisposição para um dia ruim? Crie uma atitude positiva logo de manhã: volte para a cama, feche os olhos por alguns minutos, faça respiração profunda, mentalize alguma coisa muito boa e reinicie o dia, torcendo para colher muito sucesso e afeto.

Em suma, faça sua revolução *Slow*. *Não significa tornar-se lenta, e, sim, deixar de ser Mulher Foguete, de cultuar a velocidade.* Como eu já disse, você vai ficar mais relaxada, criativa, bonita, sexualmente atraente e, olha a ironia, trabalhar muito melhor se tirar um pouco o pé do acelerador.

O movimento *Slow Food* tem mais de 100 mil associados no planeta. O *Slow Sex Boom* está melhorando a qualidade e a frequência dos encontros amorosos na Itália, no Japão, nos Estados Unidos. Como não acaba em 15 minutos, leva perto de uma hora, dá para um entender melhor o que o outro pensa e deseja. O *SuperSlow*[20] é uma filosofia esportiva que incentiva a musculação em câmera lenta. E por aí vai.

Um ótimo efeito colateral? Vai baixar sua ansiedade – essa emoção tão exacerbada nas mulheres de hoje e que atrapalha tanto a carreira quanto o amor, também chamada de "desperdício de energia". Recentemente, coordenei uma reportagem sobre ansiedade de orgasmo!?! E sempre que recruto funcionárias e estagiá-

20. Aula de musculação com muito peso e poucas repetições. Cada exercício, feito com a carga máxima suportável, é repetido de cinco a seis vezes. Cada repetição (flexão e extensão) deve durar cerca de vinte segundos. O esforço exigido é muito maior que na musculação convencional, em que cada movimento dura por volta de quatro segundos e é executado em séries de oito a doze repetições. O propósito de tanta lentidão é elevar a resistência do músculo a níveis cada vez maiores. (N.E., conforme revista *Veja on-line*, edição 1.789, de 12 fev. 2003.)

rias, ouço como ponto fraco "sou um pouco ansiosa". É a resposta de 70% dos candidatos a uma vaga, segundo os *headhunters*.

O psiquiatra Paulo Gaudencio contou-me que trouxe algumas mudas de uma viagem, plantou e aguarda que deem o ar da graça. Ainda bem que ele não está ansioso. "Não posso querer ver a raiz, ou eu mato a planta."

Dê-se ao luxo

Entre os muitos aliados para se energizar em pouquíssimo tempo, e não deixar seu homem carente de atenção e diversão – nem você mesma –, selecionei alguns que eu adoro:

- lavar os cabelos no salão de beleza com direito a uma *quick massage* no couro cabeludo, nuca e ombros;
- ouvir *Você é linda* na voz do Caetano, a trilha sonora do filme *Beleza Roubada*, de Bernardo Bertolucci, ou, ainda, a batida contagiante do Black Eyed Peas;
- reunir ervas aromáticas em um pano e amarrá-lo à saída de água do chuveiro na hora do banho;
- deitar sobre lençóis de fios nobres;
- dar uma bela mordida num brigadeiro *gourmet* ou dividir morangos bem docinhos na cama;
- roubar um beijo de cinema na escada rolante;
- ficar na expectativa do estouro de um champanhe;
- sentir o calor de um raio de sol batendo no seu corpo (protegido com filtro solar, claro).

Destaco ainda estes hábitos vantajosos:

- *Fazer exercícios e balancear a dieta.* Não só aceleram o metabolismo como aumentam seu foco e concentração, permitindo que você se libere do trabalho mais rápido. E ainda ganhe elogios!
- *Calcular o tempo necessário para suas tarefas.* Não significa ficar grudada no cronômetro e, sim, não subestimar a

duração delas e ainda poder prever imprevistos. Organizando-se melhor, escapa da síndrome do coelho da Alice, que vive repetindo "estou atrasado, estou atrasado".

- *Ver o lado positivo da palavra* distração. Ela não é um mal em si. Qualquer atividade criativa fará juz ao nome se houver um passeio mental, uma desconexão temporária com o conhecido. Você já deve ter ouvido que vale a pena abandonar um pouco um problema, deixando-o "descansar", assim libera a mente para o *insight* da solução. Comigo funciona: a saída aparece quando estou no banho, ao volante ou até dormindo.
- *Cruzar sua agenda com a dele.* Parece óbvio, mas a gente esquece.

Encontre sua saída

Quanto mais as mulheres alcançam cargos executivos, sendo mais cobradas, mais elas têm vontade de exercer seu lado feminino. Cuidar de si mesmas, do coração, da fertilidade. Daí, ficam naquela angústia, naquele dilema, porque sabem que desacelerar na profissão talvez implique perder oportunidades. E muitas vezes fazem as escolhas com enorme culpa. Não é fácil, não há receita pronta nesse caso, mas o depoimento a seguir pode ser inspirador.

A gerente de marketing de uma famosa rede de lojas de calçados uma vez me confidenciou: "Minha sala no escritório ia ficando cada vez maior e mais bonita, enquanto a do apartamento parecia o Haiti depois do terremoto. Não tinha nem tempo de checar porque tossia tanto; ficava tão cansada que faltava fôlego para chegar à academia. O sucesso me absorvia demais, um esforço sobre-humano. De noite, quando finalmente pegava no sono, às vezes sonhava com um grupo de compradoras me atirando não pedras, mas sapatos. Com aqueles saltos e plataformas assassinos. Essa roda-viva de trabalhar sem descanso estava tirando minha alegria."

No início de 2010, ela renegociou sua carga de trabalho e encaixou-se em um projeto que lhe permitia trabalhar em casa inicialmente uma vez por semana, depois duas (terças e sextas). E assim conseguiu conciliar o trabalho com a academia e com algumas consultas médicas a fim de fazer o adiado *check-up*.

E até passou a marcar *happy hour* toda terça com amigas. Num deles, conheceu o atual namorado e fazem planos de morar por um tempo no Canadá. Um ano antes, essa profissional não via saída, mas ninguém da empresa olharia para sua qualidade de vida: a iniciativa de mudar teria de partir dela.

Eis um exemplo de flexibilidade, palavra linda que mais e mais empresas precisam conhecer e pôr em seu dicionário. Elas não têm saída: ou começam a atender a essa necessidade feminina ou vão perder muitos talentos.

Tomara que essa tomada de consciência aconteça o quanto antes. Mas, se demorar, não perca seu tempo e energia esperando. Encontre a sua saída para cuidar tão bem da carreira quanto das coisas do coração. É o que também propõem Ana Maria Rossi, a maior expert em *stress* que eu conheço, e o estudioso de gestão, Thomaz Wood Jr., nas entrevistas a seguir.

Entrevista especial

Sim, você tem opção

Ana Maria Rossi, Ph.D., é psicóloga, professora, escritora e presidente da International Stress Management Association no Brasil (ISMA-BR), além de dirigir a Clínica de Stress e Biofeedback, em Porto Alegre, RS.

Por que mais e mais mulheres têm dificuldade no amor?
Há uma confusão de valores. São tantos os estímulos novos que as mulheres não conseguem ter uma visão geral. Para complicar, ficam fascinadas pelo modelo atual, pelo controle que estão tendo da própria vida, da independência conquistada. *Status*, poder, dinheiro

para fazer o que der na telha viram iscas um tanto perigosas por serem ingredientes altamente contagiantes.

Como a confusão de valores impacta nos relacionamentos?
Os homens ainda não se adaptaram a esses novos valores, assim como as mulheres não estão preparadas para lidar com eles nesse período de transição. Recebo, na clínica, muitos maridos e namorados ressentidos com a parceira, pois acham que são tratados como funcionários ou colegas de baia. O resultado é o conflito. Sabe aquela história de os dois olharem para a mesma direção? Esquece! Cada um vira para um lado, há desencontro. O que vemos são sequelas por causa dessa falta de adaptação – o ressentimento é uma delas.

Como evitar o conflito de expectativas entre homem e mulher?
Reconhecer que vivem uma fase de adaptação aumentaria a paciência e a tolerância de ambos. Também é fato que colocar todas as fichas na profissão não vai acabar bem. Aí entramos na questão das escolhas. Vejo gente querendo assobiar e comer farofa ao mesmo tempo. Pode ser que perca algo de que gostaria aqui, mas terá outro ganho ali. Com minhas pacientes, o que faço é abrir janelas para que elas possam ver além do óbvio. Atendi uma que vivia mal-humorada, não podia programar viagens e preferiu deixar de ter cargo de chefia. Nos primeiros dois, três meses, ficou insegura. Hoje, diz que é outra pessoa. Acabou de voltar de uma viagem à Europa acompanhada daqueles que ama.

É duro você ter de abdicar de um posto alto por pura falta de alternativas, não?
Mais cruel é saber que as empresas querem contratar profissionais com qualidade de vida, aparência ótima,

peso controlado, hábitos saudáveis. Que façam atividade física e programas culturais. Uma vez que você entra, vai perdendo tudo isso, só trabalha. Aí fica vulnerável à perda da cadeira para outro com mais saúde... e o ciclo recomeça. Acontece com homens e mulheres. E ambos devem criar consciência de que têm opções. Pensam que não, mas têm. Se desacelerarem um pouco, talvez acumulem menos *status*, controle... Mas que tal ganhar mais tempo? Tudo é que não dá. A maioria dos estressados não quer entregar nada. Falta noção de custo/benefício.

Por onde começar a mudar?
Sugiro estabelecer objetivos em cada área da vida (social, familiar...), dividindo-os em três níveis: imediatos, a médio e a longo prazo. Em seguida, comece a priorizar. E não se esqueça de revisar esse planejamento de satisfação individual periodicamente, pois os interesses são dinâmicos, vão mudando de acordo com seu momento de vida.

E como se automotivar?
Obtendo um mecanismo de gratificação para as metas que alcançar. Agora, esse processo será vitorioso se entender que precisa estabelecer limites. O seu superior também deveria se lembrar disso, principalmente aqueles que dizem adorar trabalhar com mulheres, pois elas atendem ao telefone a qualquer hora. Vão adoecer, e a empresa perderá financeiramente pela margem de erros, pelo absenteísmo... Mas o custo é maior para você. Muitas de nós só pensam que precisam acionar o freio de mão quando ficam muito doentes. Por isso, repito: façam escolhas e saibam que não vão poder ter tudo. Sem buscar alternativas, não há como mudar.

Encontrar o amor no próprio ambiente de trabalho é uma boa?
Acreditava-se que as pessoas teriam problemas profissionais por se envolverem amorosamente no trabalho, e ocorre o contrário. Numa de nossas pesquisas com 608 casais, descobrimos que, para o lado da empresa há um benefício, porque as mulheres comprometem-se mais. Para o lado delas, não é tão bom assim: seu relacionamento perde qualidade, embora a quantidade de tempo seja maior. Quando estão conversando, jantando fora... o trabalho vai junto.

A própria vida moderna nos induz a um ritmo acelerado. Nossa cultura ocidental é baseada na urgência – palavra que acabou banalizada. Podemos verificar isso no trânsito, nas conexões virtuais, nos avanços tecnológicos que nos possibilitam realizar 15 coisas ao mesmo tempo. Temos 24 horas por dia para fazer tudo o que queremos, se conseguirmos planejar e priorizar.

E o que dizer a quem quer desacelerar, mas não consegue?
Ouço gente dizer que, se desacelera, sente angústia, aquele vazio. Pois essa sensação é justificada. Quando a pessoa desenvolve um ritmo, é mesmo estranho puxar o freio de mão. Imagine fazer isso com um carro em alta velocidade? Melhor realizar pequenas mudanças, ir planejando e praticando, para não desistir no caminho. Procure se concentrar no aqui e agora e complementar com alguma forma de relaxamento. Parece que as pessoas se condicionaram a dizer "não tive tempo". Arranje algum para o que for mais importante.

Como se caracteriza a doença da pressa?
A síndrome da pressa é um condicionamento, que tem a ver com a personalidade. Naturalmente, aperta-se o passo por alguma situação pontual: está chegando o dia de apresentar um projeto importante, exigindo

mais dedicação. Quando a pressa vira uma constante... é hora de analisar. Você tem facilidade para acelerar o ritmo e extrapolar seu tempo de repouso? Dificuldade de dizer não e de ficar longe só um pouco do celular, e-mail, redes sociais? Se não identificar tais características na sua personalidade e combatê-las, a síndrome da pressa vai facilitar outras doenças, como o infarto e o *burnout* (nível máximo de *stress*).

A doença da pressa pode desencadear o envelhecimento precoce?
Certamente. Quem está com pressa crônica vive tenso. Impossível desvincular mente e corpo. Tende a usar mais a musculatura facial. Os próprios estudos indicam que 93% das pessoas reagem com dores musculares, e grande parte desses músculos são os do rosto.

O que você aconselha no seu consultório aos casais?
Que evitem querer apresentar soluções. Concordo que é o caminho mais fácil e rápido comparado a ouvir qual é problema do outro e como ele quer lidar. Mas não tão eficiente quanto usar a empatia, ouvindo sem a pretensão de querer resolver. Como fazemos nós, os terapeutas. Não damos soluções, apenas abrimos janelas e cada um escolhe os cenários. Também sugiro que pensem mais na qualidade do tempo juntos que na quantidade. Duas horas gratificantes de troca de afeto valerão mais que cinco horas se pinicando, se provocando, ironizando.

Entrevista especial

Os estereótipos não colam mais

Thomaz Wood Jr. é professor da Escola de Administração de Empresas de São Paulo, da Fundação Getulio Vargas – FGV-EAESP, sócio-diretor da consultoria Matrix, colunista e autor de vários livros.

Você me disse que a dificuldade de integrar amor ao sucesso é um tema muito atual. Por quê?
Isso me lembra o filme *Amor sem escalas*, com George Clooney e Vera Farmiga. Uma história pesada, até depressiva, mas também cômica. Creio que o comportamento afetivo dos dois personagens é representativo da influência que a carreira pode ter sobre a vida pessoal. Chama a minha atenção pela fragilidade, pela contenção dentro dos limites criados pela atividade profissional dos amantes. Nos bares dos aeroportos e nos hotéis formam um casal divertido e carinhoso. Porém, quando o romance é testado, simplesmente desaparece.

Há final feliz nessa história?
Equacionar amor e carreira de maneira saudável não é fácil. Hoje, o trabalho tem vários sentidos: é um jeito de garantir a sobrevivência, fonte de desenvolvimento pessoal e aprendizado, um modo de contribuir para melhorar o mundo, um canal para criar relações pessoais. Por tudo isso tornou-se *muito* importante, central na vida de homens e mulheres. Além disso, vivemos hoje o que os especialistas chamam de era das "carreiras sem fronteiras". Porque há mais mobilidade entre funções, entre empresas e até entre países – teoricamente, um mundo de possibilidades. Tudo isso parece ótimo, mas tem seu lado negro.

Muitos até confundem sua identidade com a identidade corporativa, não? Parecem precisar do cartão de visitas para ser legitimados pelos outros...
No fechamento de um dos meus cursos, convidei o ex-presidente de um banco para uma palestra. Ele havia conduzido um enxugamento dos quadros, ao final do qual também deixou a instituição. Sua mensagem foi direta e crua: "*Na empresa, você é a sua cadeira; se lhe tirarem a cadeira, você não é mais nada*". Acredito que

muita gente acaba, por ingenuidade ou ambição, se transformando em "ativo fixo" dela. Esquece a própria identidade e se deixa levar pelo mundo das aparências corporativas. É um grande risco.

Preocupação com o trabalho e a carreira tem limite?
O trabalho e a carreira podem ser tremendamente frustrantes se mal administrados. E aproveito para fazer uma distinção: não são a mesma coisa. Penso que o trabalho é quase uma obrigação moral, e deve ser levado a sério: ser socialmente útil, benfeito e gerador de bons resultados; e tem também de dar espaço ao lazer, à família e a outras dimensões da vida. A preocupação e o foco no trabalho são legítimos. Já a carreira é trajetória, que pode ser lenta ou rápida, coerente ou acidentada. A preocupação com ela também é legítima, mas exige cuidado com os excessos. Muitos profissionais tornam-se obsessivos, querendo subir rápido, aproveitar *todas* as chances. E, paradoxalmente, prejudicam o trabalho em função da carreira. Infelizmente, o que vejo é muita preocupação com a carreira e pouca com o trabalho: *parecer* ficou mais importante do que *ser* e *fazer*.

Onde entram a vida pessoal, os relacionamentos afetivos e o amor?
Essas dimensões fundamentais correm o risco de ficar apagadas. Conheço executivas que "planejaram" casamento, filhos etc. tendo por base as prioridades de trabalho. Pior é transplantar conceitos e valores da vida profissional, sem reflexão, para a pessoal. Significa instrumentalizar as relações afetivas, como se fosse possível calcular seu "retorno sobre investimento", "maximizar a eficiência" e coisas assim. Tudo isso afeta os dois gêneros, mas o que é específico para as mulheres? Estão cada vez mais presentes no mercado de trabalho e atingindo postos altos. É justo e é ótimo, mas tem um contraponto:

para sobreviver e vencer na selva predominante masculina, algumas colocam a vida pessoal em segundo lugar e adotam comportamentos masculinos.

Afinal, o mundo dos negócios valoriza o estilo de liderança feminino? Ou é preciso endurecer para se impor entre os diretores de gravata?
O que mais chama a minha atenção entre as executivas muito preocupadas com a carreira é o distanciamento, o afastamento da condição humana, o autocontrole exagerado. Também a perda da espontaneidade e uma preocupação permanente de fazer a coisa certa, como se tivessem construído um modelo ideal e trabalhassem o tempo todo para atingi-lo. Tudo bem, o mundo dos negócios já foi de domínio masculino. Para sobreviver e vencer, as mulheres precisavam "mimetizar", emular certos comportamentos preponderantes, que se relacionavam com o estereótipo do macho forte, assertivo, controlador e agressivo. Várias organizações ainda são assim, mas muitas outras já estão mudando para um padrão mais diversificado, com lugar para diferentes estilos de gestão e de conduta.

Depois dos homens alfa, será que teremos no futuro uma legião de "mulheres alfa"? Ou não precisa ser assim?
Ser alfa não é necessariamente negativo. Exercer a liderança pode significar conduzir, facilitar, incentivar, orientar etc. O problema é confundir liderança com agressividade, arrogância e outros traços negativos. E é difícil conviver com pessoas agressivas e arrogantes, tanto em casa como no trabalho. Cada empresa é uma reinvenção da caverna de Platão: uma realidade construída artificialmente, com valores próprios. Em algumas, a truculência e o machismo ainda são traços dominantes. Nessas, uma mulher interessada em ascender terá de conhecer as regras e fazer o jogo. Mas

sou otimista. As organizações estão mudando. Trata-se de uma necessidade.

Você tem um exemplo?
Veja este da indústria automobilística, uma indústria tradicionalmente "de meninos". Há alguns anos, a Volvo constatou o óbvio: que parte considerável de seu mercado consumidor é constituído por mulheres, e que os carros costumam ser projetados por homens, que nem sempre entendem a perspectiva feminina. Então, formou um time feminino para desenvolver o protótipo de um novo carro. Foi um grande sucesso, ganharam prêmios, e algumas soluções criadas influenciaram outros projetos. Sendo mais direto, é preciso fugir dos estereótipos: tanto o do macho agressivo e dominante quanto o da fêmea dócil e submissa. Não creio que seja desejável nem necessário assumir traços tidos como masculinos para crescer nas empresas.

Participei de duas pesquisas com mulheres de várias faixas etárias e me assustei ao vê-las só discorrer sobre carreira. Falar de sonhos pareceu difícil; de obrigações, muito fácil. Qual o seu palpite?
Acho sintomático. Quem vive imerso no dia a dia caótico das empresas sente-se como um bombeiro, sempre a apagar incêndios (reais ou imaginários), sabendo que outros virão... Essa atração libidinosa para a ação irrefletida transforma a vida em uma montanha-russa, com altos e baixos, mas sempre voltando ao mesmo ponto. Provavelmente vem daí essa predominância das obrigações, a sensação de estar sempre devendo algo. Por outro lado, sonhar e falar dos sonhos exige tempo livre e distância da ansiedade, das tensões.

Um de seus artigos diz que as meninas se mostram mais maduras, sérias e focadas. Que não faltam professores a apontá-las como melhores estudantes.

O que acontece com eles? A reclamação feminina é de que são acomodados, sem garra, sem brilho...
Creio que é natural, para as mulheres, ao perceber espaços se abrindo, abraçarem as oportunidades com seriedade e garra. Os homens têm uma perspectiva diferente, porque a carreira para eles é um fato "natural" há muitas gerações. Por outro lado, a acomodação me parece um fenômeno da época. A geração de meu pai era entusiasmada com o desenvolvimento, com as mudanças aceleradas que aconteciam no Brasil dos anos 1950 até 1970. Minha geração participou de sonhos de mudança social, cultural e política. Já a atual agarra-se demais nos bens materiais, entretenimento, turismo, amor, sexo. Tudo virou consumo. É um sonho pequeno. Talvez venha daí essa falta de brilho e garra dos homens. As mulheres têm outras motivações, porque ainda conquistam seu espaço.

Qual a saída?
Talvez caiba a cada um de nós aprender a lidar com as enormes possibilidades que o trabalho e a carreira hoje oferecem, sem deixar que essa importante dimensão da vida se torne dominante a ponto de anular as outras. Para esse desafio eu não conheço nenhuma receita. O jeito é ir caminhando de alma bem aberta, a fim de aprender com os erros e acertos.

Li o polêmico artigo norte-americano *O fim dos homens* e fiquei bem preocupada. Tenho filho homem e não quero que vire um ser estranho num mundo dominado pelas mulheres. Há luz no fim desse túnel?
Os homens já tiveram seu tempo, e durou bastante. Fizeram alguns acertos e também muitos erros. Por que não tentar algo mais equilibrado entre homens e mulheres? Meu livro mais recente apresenta uma tipologia cômica e crítica de chefes: o "águia maquiavélico", o "enguia escorregadio", o "*poodle* metrossexual" etc. Discu-

tindo as ilustrações, meu editor pediu sugestão para a do tipo benigno de chefe, que se contrapõe a todos os outros que cito. Imediatamente me ocorreu ilustrá-lo com uma figura feminina, e ele concordou. Creio que partilhamos uma descrença nos meninos, e certa esperança nas meninas. Espero que elas respondam bem aos desafios, com bom senso e serenidade.

Atitude 4

Dimensionar seus planos e ações para caber amor

- Estipule datas para obter o que quer;
- encare os prazos de maneira positiva;
- curta os frutos sempre, e não somente no futuro;
- passe da zona de conforto para a de tensão criativa;
- seja a protagonista, não banque a vítima;
- diferencie o que é importante do que é urgente;
- monte listas e reflita sobre elas;
- siga a sua verdade.

Dediquei um espaço especial neste livro para discutir sobre planos porque é fácil cairmos em algumas ciladas durante a construção da carreira que impactam na construção de um amor. Uma delas é confiar demais na música "deixa a vida me levar", achando que um futuro lindo vai cair no seu colo. Muitos sonhos, pouca ação. Num barco à deriva, sem remar para o lado que a interessa, sabe-se lá onde vai parar... Então, seria melhor cantar "levo a vida para onde eu quero chegar". Evita arrependimentos.

Outra cilada – ah, essa é muito comum – é planejar somente os próximos passos profissionais, esquecendo-se dos efeitos colaterais em todo o resto. Daí, os *coaches* (treinadores de carreira) não cansam de ver jovens executivos que atingiram rapidamente o poder, com bônus invejáveis e casamento estraçalhado.

Mais uma casca de banana: crer que será feliz só depois de conquistar tudo o que planeja nas finanças e na carreira. Pode demoraaaar... Como vai se virar até lá? E há ainda uma questão crucial: saber *exatamente* o que você quer. Como reconhecer se não está fazendo dos ideais dos outros os seus? Será que é tão imprescindível morar em um apartamento duplex, ficar magra e seca como *top model*, ostentar um carro de parar o trânsito? Qual é a *sua* verdade?

Vamos detalhar melhor esses e outros cuidados no processo de transformar sonhos em realidade.

Estipule datas para obter o que quer

Para você atingir suas metas profissionais, deve estipular prazos. Ninguém consegue fazer um planejamento decente sem essa informação (por exemplo, a primeira pergunta que se faz ao decidir reformar uma loja é "para quando?").

Seguindo esse raciocínio, vale se perguntar: em quanto tempo quer ser a diretora do departamento? Ou fazer e finalizar a tese de mestrado? Importante: precisa lembrar que, se esse prazo for curto, muito provavelmente ele vai abalar seus sonhos românticos, seus outros prazeres na vida. E é fácil a gente pôr todo o gás só numa coisa e se esquecer dos, digamos, efeitos colaterais. Trocando em miúdos, se você quer passar de gerente a *big boss* em um ano, terá de se dedicar à carreira muito mais intensamente do que se vislumbrar a mesma promoção ao final de dois anos.

O problema é que vejo muitas mulheres fazendo serão constantemente e ocupando as noites e os fins de semana só com trabalho, visando subir degraus – e dizendo que querem engatar um romance sem fazer nada para isso. Como? Óbvio dizer que, se você não desgruda das tarefas intermináveis e só convive com o carpete do escritório, vai conhecer alguém para chamar de seu de que jeito? Agora, se planejou uma data considerando algumas brechas para passear, ver gente na rua, viajar... mais facilmente conciliará os dois interesses, pessoal e profissional.

Estou falando de uma visão global, sistêmica, do que se quer. Conheci uma moça muito sorridente, Bete, que faz aulas de salsa às quartas-feiras, pontualmente... à meia-noite. Quer dizer, numa casa noturna especializada nesse ritmo, por uma hora o professor dança exclusivamente com ela. "Se eu posso trabalhar até a madrugada, posso aprender salsa no mesmo horário, não importando o dia da semana", me disse, no maior alto-astral. Você tem dúvida de que essa pessoa está aproveitando a vida de maneira melhor? Quem não vai adorar conhecê-la?

Dias depois de sermos apresentadas, Bete me enviou esta mensagem por e-mail:

> "A duras penas percebi que podia dedicar a mesma energia a dançar salsa, trabalhar, viajar, estar com amigos, assistir a um filme, ler um bom livro, cozinhar... e um milhão de outras coisas, e obter o mesmo prazer. Nós nos dizemos tão multifuncionais, no entanto, temos enorme dificuldade de aproveitar bem a vida. Temos tanta necessidade de obter sucesso desde a juventude – sendo alunas exemplares, boas amigas, ótimas filhas e sobrinhas! Depois perseguimos o Olimpo profissional, achando que o companheiro eleito e a nossa família sempre estarão lá para nós. O tempo é um só para tantos planos. O que aprendi é que preciso me reenergizar constantemente para qualquer atividade, até mesmo para dançar salsa na vigésima quarta hora do dia".

Enquanto eu escrevia o parágrafo anterior, uma amiga entrou no Facebook para me contar que foi sondar uma nova pós na nossa área e descobriu que custaria o valor do seu carro novo. Achou puxado e quis saber minha opinião. Trabalhamos juntas no passado, e gosto muito dela. Está casada há uns dez anos e sempre me diz que quer curtir mais o marido, mas falta tempo, trabalha muito... e lá-lá-lá.

Respondi que, a esta altura do campeonato, com a experiência que ela tem, esta pós não faria tanta diferença. Cursos mais curtos, de tecnologia e cultura geral, e até palestras grátis agregariam conhecimentos e, o principal, no caso dela, facilitariam o *networking*. Esse plano comportaria realizar, paralelamente, algum outro investimento em seu casamento (aulas de salsa com o marido, talvez?). Temo que ela se arrependa no futuro por ter priorizado tanto a carreira. Mas é livre-arbítrio. Então, o máximo que posso fazer, na linguagem do Facebook, é cutucar essa querida que se mata de trabalhar, mas ainda não teve o retorno que merece.

Encare os prazos de maneira positiva

A sugestão anterior vai por água abaixo se você exagerar e fizer das datas uma prisão em vez de estímulo, de automotivação. É importante ser tão realista e determinada quanto flexível e ágil para fazer ajustes, revisões nos seus planos, ou eles perderão valor. É igual a buscar no Google o melhor trajeto para ir de um bairro a outro. Serve de guia, mas pode ser que na hora H encontre um trecho em obras e precise desviar, retornando à rota inicial mais na frente.

Sei de uma advogada que quase implodiu sua agenda mental porque confundiu "ser decidida" com "ser ansiosa". Namorava um rapaz havia três anos e vivia dizendo que se via casando aos 25, assim que passasse no exame da OAB. Dois meses antes do *deadline* entrou em parafuso. Nem relaxava nem curtia o relacionamento. E pressionou o sujeito de tal modo que o assustou. Comemorou a aprovação no exame só com os pais.

Num encontro chamado Networking Saudável, havia um rapaz no meu grupo de discussão muito encucado com a relação entre planejamento e acontecimentos, exemplificando bem a minha tese de que revisões de percurso são fundamentais. Ele disse:

> "No meu negócio, por várias vezes eu planejei, executei e deu errado. Quero entender o porquê. Cheguei a sonhar que estava pescando e não pegava nada. Até que joguei a isca bem longe e senti ter fisgado algo pesado. Quando puxei, era uma garrafa PET lotada de minhocas. Quer dizer, pesquei a própria isca, e aos montes. E não havia planejado um minhocário para elas."

Isso me fez pensar em quem insiste no homem errado. Na teoria, afirma querer um cara legal. Na prática, "pesca" aquele mesmo tipo que vai fazê-la sofrer por ser avesso a compromisso ou casado ou sem nada melhor a oferecer além de uma noite de sexo *fast-food*.

Curta os frutos sempre, e não somente no futuro

Há um conceito estratégico clássico que diz: para uma pessoa trabalhar com vontade, bastante vontade, é preciso colocar uma cenoura na frente (folgas, bônus, viagem em classe executiva, que tal?) e uma tocha acesa atrás (a da demissão é a que queima mais... ui!). Mas, pensando na vida como um todo, é temerário seguir esse raciocínio. Você pode se ater à sensação de que os frutos virão somente depois de conquistar alguma meta grandiosa. E colocar a felicidade num pedestal complica tudo.

A maioria das mulheres abre mão de encaixar prazer no dia a dia por achar que é hora de batalhar sem trégua por um futuro profissional e financeiro no mínimo brilhante, de perseguir a tal cenoura – e, claro, se sente exausta, endurecida e, muitas vezes, frustrada. O ideal é que o burro coma a cenoura alguma hora, sem se fartar para não se acomodar. Não há nada de errado em lutar pelo sucesso, exceto o desbalanceamento com a vida pessoal nesse planejamento míope.

É como fazer dieta maluca: você emagrece, mas fica doente, abatida, quase pele e osso, parecendo que foi sequestrada pelas Farc. Participei de várias pesquisas de campo em que demos um *zoom* na rotina das mulheres e chegamos a este cálculo: ela é dividida em pelo menos 80% de obrigação, com trabalho, estudo e/ou casa, 15% de lazer (inclui os cuidados pessoais) e míseros 5% para romance.

Se você vestiu aqui a carapuça, hora de repensar seus planos, pois a felicidade é uma forma mais gratificante de sentir a realidade, que se constrói internamente e é alimentada pelas pequenas coisas, no dia a dia, mesmo pegando chuvas e trovoadas no caminho. O filme de Arnaldo Jabor *A suprema felicidade* oferece um bom caldo para tal reflexão.

Passe da zona de conforto para a de tensão criativa

No geral, tudo o que você pensa e faz a leva para a zona de conforto. A gente adora correr risco, desde que seja conhecido. Daí, vem a grande armadilha: se acomoda. Na zona de conforto não tem aprendizagem, não tem desenvolvimento genuíno. E você pode estar se esforçando ao máximo na carreira, a ponto de abrir mão de uma relação amorosa, e mesmo assim não ter tanto sucesso profissional quanto almeja, por causa disso: pode estar somente aprendendo a aperfeiçoar o que já sabe.

E não é apenas no âmbito profissional que tendemos a permanecer na zona de conforto. Quem não conhece alguém com dificuldade de terminar um romance tóxico? Mediei uma mesa-redonda com oito leitoras solteiras, na faixa dos 20 aos 30 anos, e sete ficaram horrorizadas quando a oitava contou que o namorado, com quem estava já havia sete anos, a colocava sempre para baixo, criticando seu corpo. Uma das maneiras: enviava para o e-mail do trabalho dela links com fotos de mulheres que ele julgava mais atraentes do que ela, a título de inspiração!!!

Para avançar nos seus sonhos, a sacada é virar o botão interno para a zona de tensão criativa, de novas experiências, de desconforto voluntário que faz ir além. Enquanto eu ouvia o professor Mário Lúcio Pereira Machado[21] falar sobre o risco da acomodação num treinamento para gestores de *coach* e *feedback*, pensava que muita gente foca só na carreira, por ser sua zona de conforto, e teme amar, por ser beeem mais arriscado. Eu convido: vamos sacudir a vida para ela não parecer suco de maracujá, em que o melhor fica concentrado lá no fundo da jarra?

Para começar, que tal fazer seu SWOT pessoal? Quem é da área de marketing ou vive às voltas com planejamentos estratégicos conhece a sigla em inglês que significa Strengths, Weaknesses, Opportunities and Threats. Em bom português, quer dizer: forças,

---

21. Diretor da Consultoria Wisnet, especialista em *coach*. Site: www.wisnet.com.br. (N.E.)

fraquezas, oportunidades e ameaças. Não deixa de ser uma ferramenta de tomada de consciência diante de um objetivo da empresa – e útil também para os seus individuais, tanto nos terrenos da carreira quanto das relações afetivas.

Por exemplo, a idade pode ser uma ameaça ao plano de engravidar, e ser a filha única de pais bem velhinhos é uma ameaça ao sucesso de um romance em terra estrangeira. Em compensação, seu charme e inteligência são atributos altamente sedutores para pôr em destaque na sua análise SWOT. Já um gênio muito, mas muito forte, do tipo pavio curtíssimo, é uma fraqueza a lapidar, pois dificulta dividir as coisas, acolher críticas, aceitar certos hábitos do seu amor sem se irritar tanto...

Lembra que eu disse que uma das grandes queixas das mulheres solteiras e independentes é "sinto que eu assusto os homens"? Elas passam a ver a situação por outros ângulos fazendo seu SWOT pessoal. Realmente o sucesso pode ser um espelho incômodo a um homem que ainda não chegou lá, ou seja, uma ameaça. Mas também uma oportunidade, pois tem condições financeiras de viajar, passear, estar em lugares frequentados por gente bem-sucedida como elas. Agora, talvez tenham a fraqueza de ser mandonas (queixa forte deles!), aí vão precisar mudar, ou se contentar com um Amélio.

Esse exercício, portanto, pode ser valioso para ganhar autoconhecimento, enxergar cenários para avançar em seus objetivos, armar-se contra os possíveis obstáculos, ficar mais autoconfiante, avançar com mais segurança ao que quer alcançar.

Seja a protagonista, não banque a vítima

O mantra da protagonista tem sete Fs: Faça, Falhe, Flerte, Foque, Force, Finalize, Fecunde. Já a vítima, a gente reconhece de longe, escolhe outro grupo de Fs – Folgue, Freie, Facilite, Fuja, Fraqueje, Finja, Frustre-se – e ainda culpa os outros e os fatores externos pelos seus fracos resultados.

É aquela que diz, por exemplo, que nunca tem tempo para namorar porque o chefe a suga 24 horas, os 7 dias da semana.

É a que usa, conforme expliquei antes, desculpas verdadeiras para não batalhar pelo que quer. A vítima está sempre se justificando para não mudar sua realidade, como se não tivesse outra alternativa. E há. Seu codinome é plano B.

Se você gostou do mantra da protagonista, conheça ainda o mantra *express*: *O que falta?* Muitos profissionais se autossabotam não planejando como preencher o que falta. E você não precisa abrir mão do amor para chegar lá. Você precisa é incluí-lo no seu plano de sucesso.

Como sugestão, siga esta ordem: analisar sua vida como um todo, saber bem o que quer, planejar, capacitar-se, agir. Depois de algum tempo, medir se avançou (e como), analisar sua vida de novo para decidir se seguirá em frente ou corrigirá a rota. E, assim, cumprir esse ciclo de desenvolvimento contínuo de novo. E de novo, e de novo.

Diferencie o que é importante do que é urgente

Essa frase é dita aos quatro cantos, por isso está um pouco desgastada. Mas posso apostar que quanto mais a gente prioriza a curto prazo, mais dificuldade terá para atingir grandes objetivos na vida. Porque dificulta ter uma visão mais sistêmica, que, vou ser repetitiva, significa mais ampla, global.

Fazendo uma autorreflexão, passei um ano escrevendo este livro. Foi a minha prioridade. Se só pensasse nas urgências, teria me enredado com as tarefas do dia a dia e não terminaria estas páginas nunca.

Via de regra, agrega valor o que é importante, não o que é urgente, por mais que a gente precise dar conta desses dois lados da balança. Mas, curiosamente, acontece de deixarmos para segundo plano questões importantes – menos por acomodação e mais por circunstâncias. Com o passar do tempo, elas viram urgentes. E isso gera uma complicação danada.

Para exemplificar e, principalmente, informar, destaco adiante o depoimento emocionante de uma jornalista. Ela conversou com o marido, que deve ser um parceirão, e aceitou que eu colocasse seu nome, mas não acho necessário identificá-la. O importante é a sua mensagem:

> "Equilibrar uma carreira bem-sucedida com uma vida pessoal e familiar satisfatória é, além de importante, um desafio mesmo. Estou casada há doze anos e acabei não tendo filhos por duas razões: quando era mais jovem, estava totalmente voltada para a carreira e achava que dava para esperar. Era sempre aquela história: 'Quando a gente acabar de pagar as intermediárias do apartamento eu engravido'.
>
> "O tempo foi passando, veio a separação e daí eu já estava de frente para o gol em termos de fertilidade, só que solteira. Na época, não dei muita importância porque a imprensa em geral (e aí temos a nossa parcela de culpa) alardeava não existir mais barreira etária para a maternidade. Que a medicina e a tecnologia resolveriam qualquer parada. Eu acreditei, mas quando casei novamente e aí, sim, tive vontade de ter filhos, descobri que as coisas não eram assim tão fáceis.
>
> "Além da questão financeira (os tratamentos custam uma fortuna) e de saúde (o coquetel hormonal é desgastante, nem toda mulher pode tomar e há suspeitas de cânceres provocados pela megadose hormonal), tem uma questão que ninguém fala, como se fosse tabu: a mulher, a partir dos 42 anos, tem menos de 4% de chance de engravidar com o seu próprio óvulo. Então, a maioria galopante de pacientes acima dessa faixa etária que se submete à fertilização em laboratório recorre a óvulos de mulheres mais jovens e desconhecidas.
>
> "Quando soube disso, cheguei a vir para São Paulo me consultar com um médico que fazia um tratamento de 'rejuvenescimento' a partir da injeção de tecido citoplasmático de mulheres mais jovens nos óvulos das tais maduras. O procedimento era tão duvidoso e o médico tão desagradável e desrespeitoso como profissional (sabe o tipo que atende você falando ao celular e a trata como mais uma na linha de montagem?) que resolvi não arriscar, até porque eu já morava no Rio e a grana para viajar, fazer as injeções e os procedimentos estava acima das minhas posses.
>
> "Diante da única opção que me restava, e considerando que eu tinha acabado de sair do emprego, estava insegura financeira e profissionalmente, o que piora muito a tomada de uma decisão desse tipo,

decidi não embarcar no processo de fertilização com óvulos de outrem. Se puder e quiser, um dia adoto. 'Depois de nove meses na barriga, você vai esquecer que o bebê não tem seus genes', disse a minha ginecologista. Pode ser, mas não me animou a ideia de carregar um filho com apenas 50% (no caso, a parte do meu marido) de herança genética familiar.

"O pior dessa história é pouca gente saber disso. Quando conto que a partir dos 42 anos os médicos só recomendam o uso de óvulos de doadoras mais jovens, a mulherada arregala os olhos e sai correndo para ver como está a situação. Seria um bom aviso às navegantes que adiam, adiam a maternidade, junto às notícias sobre todas as técnicas de congelamento e criogenia disponíveis hoje."

Monte listas e reflita sobre elas

Todas nós curtimos listas. Prova disso é que os blogs das revistas quintuplicam sua audiência quando postam a lista dos homens para casar, dos homens para não casar, a das cenas mais românticas do cinema, a das transas mais excitantes do cinema...

Já que é gostoso montar listas, adote esse hábito não só para empilhar tarefas no *Outlook*, mas também para registrar os sonhos, os programas, as opções de diversão (com direito a chances de namorar) que deseja realizar. Para não desanimar, o ideal é colocar ações de prazo curto e viáveis – eu adoraria marcar uma *happy hour* com o Woody Allen, mas certamente ele declinará o meu convite.

Com o ritmo acelerado de hoje, há quem sugira pôr o que conseguirá fazer hoje mesmo ou no máximo em dois dias, alegando que uma semana é muito tempo. Acho um pouco de exagero, então deixo a seu critério esticar esse elástico do tempo. Também evite ser vaga: quanto mais específica for em suas listas, melhor.

A propósito, listar as qualidades do homem com quem deseja dividir a pizza, a cama, a pipoca no cinema, é um conselho típico de revista feminina. Recriminável por alguns, mas que tem sua utilidade para ajudar a refletir sobre o que você realmente prioriza. Pode também fazer isso com as qualidades essenciais do relacionamento que quer construir.

Se já tem um par, podem brincar de listar separadamente e depois comparar: as qualidades que um enxerga no outro e as que julgam essenciais no relacionamento, as fantasias eróticas até então secretas (pelo menos três)... Ótima oportunidade para se conhecerem melhor, abalizarem expectativas, dialogarem para melhorar o que já é bom.

Siga a sua verdade

Por ser uma meta nada fácil integrar o amor à carreira, anote a providência mais importante de todas, que a blindará de fazer escolhas no piloto automático, de caminhar sem saber exatamente onde quer pisar. Um plano de voo funciona se, antes de tudo, você se perguntar com sinceridade: "qual é *a minha* verdade?"

Não é uma perguntinha qualquer, mas é melhor do que ficar se enganando, como mostra a minha conversa com a empreendedora Rita Monte, reproduzida a seguir. Casada com Victor no amor e no trabalho, ela se incumbe da missão de inspirar outras pessoas a integrarem o sentido da vida (ser) com o trabalho (fazer) à frente de uma consultoria, um escritório de arte e *design*, um estúdio de yoga e o Movimento Novo Olhar para as Relações de Trabalho. Que a nossa reflexão inspire você também.

– Há tantas cores no universo – comentei –, mas fico com a impressão de que muitas mulheres que sobem na carreira enxergam somente o azul. Não veem o amarelo, o verde, o roxo. É válido passar por essa vida e desperdiçar a chance de explorar outras cores?
– Tem gente que é muito feliz olhando só para o azul. Difícil generalizar o que é autorrealização; dizer: é isso e ponto. E se você não se encaixa no meu padrão? *Cada um tem uma meta de autorrealização, assim como de felicidade. E essa meta pode funcionar enquanto tiver um significado para essa pessoa.*

– Mas dá para a gente dizer o que não é autorrealização – questiono, cercando o tema.
– Não é autorrealização afastar-se do que é fundamental para mim. Ou seja, necessariamente preciso me perguntar: para que, afinal, eu nasci? Para que eu trabalho? É só pelo dinheiro? É pelo *status*? Se é por isso, me faz feliz? Eu quero ter alguém para amar? Quão importante é formar a minha família? O que quero essencialmente? E o que tenho de mais autêntico que só *eu* posso passar aos outros? Essas são perguntas existenciais que pontuam o caminho da felicidade e da realização nas várias esferas. O novo feminismo aumentou a consciência da mulher, levantando questões como "o que eu quero para a minha vida?", genuínas e fundamentais, que, se eu negar, vou adoecer.
– Depois de alguns esforços em vão na minha vida – refleti em voz alta – mais frequentemente passei a me perguntar: o que pulsa *mais* dentro de mim? Existe uma razão para eu ter nascido? Para estar viva? E o que tenho de mais valioso para oferecer ao mundo?
– Se você não olha para isso, com certeza a frustração e a doença virão, porque estará se afastando de você mesma, se traindo, se distanciando do seu eixo. E criará uma carência enorme, que você vai *tentar* suprir com consumo exagerado, obsessão pela estética... mas não vai suprir.
– Feitas as perguntas, o próximo passo é comparar com a realidade recente. Ver se você está sendo fiel e leal à sua verdade.
– É por aí mesmo. Olhar para o dia a dia e checar se está produzindo relações de trabalho compatíveis com a sua essência, compatíveis com essa luz que sente. Se não, o que fazer de diferente? Se sim, como se manter no caminho? – Rita pergunta.
– Essa reavaliação talvez traga a constatação real de que alguma coisa está incomodando profundamente. E se você não assume que pode haver algo muito fora do eixo, dificilmente conseguirá se perguntar sobre a sua verdade.

– Várias coisas vão passar a acontecer, até mesmo no terreno amoroso. Já sentia que o casamento, para me realizar, não seria só em casa, e sim em todas as esferas da minha vida e da vida dele. Eu só me relacionaria com alguém com quem pudesse construir um presente e um futuro por inteiro. E eu encontrei essa verdade no Victor. A gente se apoia em tudo. Para mim, casamento é isso. Não é o que vejo quando falo com alguns amigos, principalmente as solteiras que reclamam dos homens. Raramente nos separamos, até meditamos juntos. Consigo ser eu, com todas essas expressões – garantiu Rita.

– Engraçado, já li mil reportagens mostrando como tirar o relacionamento da rotina. Mas na minha vida pessoal acho tão bom ter rotina. Eu quero todos os dias tomar café da manhã com o meu amor. Estamos ainda acordando, então ficamos em silêncio, lendo jornal, um sentindo a presença do outro.

– Concordo que é muito bom! Rotina é liberdade quando não vem com o ranço da obrigação. Se é conquistada, cultivada, planejada, algo em que você coloca a sua energia para acontecer de novo e de novo, vira uma coisa gostosa. É preciso se mover para ter essa rotina libertadora, em harmonia com a sua verdade.

A superexecutiva Amalia Sina deixou claro, na entrevista que fiz para este livro, que sabe muito bem qual é a sua verdade e que tem um plano de vida claro. A *expert* em Recursos Humanos Elaine Saad e o filósofo Jacob Pétry também fizeram questão de pôr holofote em aspectos importantes desse processo.

Entrevista especial

Livre da culpa e do controle

Elaine Saad é psicóloga de formação e gerente-geral da Right Management no Brasil para a América Latina.

É considerada uma das mais importantes especialistas em Recursos Humanos do Brasil.

O que mais dificulta a vida da mulher latina em relação às outras?
A mulher latina sofre mais, porque é mais cobrada a desempenhar o seu papel "do lar".

Você diz isso por causa do machismo?
Sim. É esperado e exigido dela, desde pequena, um papel que hoje nos EUA e na Europa não é tão comum. E precisamos considerar de onde vem essa mulher para entender o que ela sente em relação à vida amorosa. Quem não entendê-la como esse ser social que nasceu dentro de uma comunidade não vai entender o que ela sofre a partir do momento em que chega ao mercado de trabalho e luta por realização.

Pesquisa feita nos EUA mostrou casais mais felizes quando acordaram que o homem ficaria em casa enquanto a mulher teria sucesso na carreira. Isso, aqui, daria certo?
Acredito que europeus e norte-americanos até concordem em ficar em casa enquanto a mulher vai trabalhar fora, se ela tiver mais sucesso. Esse tipo de acordo não acontece aqui. Primeiro, porque a maioria dos homens não aceita – um em um milhão assume a responsabilidade de cuidar do lar e dos filhos. Segundo, a família dele não aceita.

Hoje mais mulheres fazem boxe e assumem os cachos enquanto mais homens, yoga e escova progressiva. O que não mudou é a pressão da família e da sociedade para terem sucesso profissional, muito maior do que sobre nossos ombros, não é?

Exatamente. Com a mulher a maior cobrança não é por sucesso, e sim pelo abandono do papel do lar. Ela também se cobra por não dar tanta atenção à casa, ao parceiro, aos filhos, aos pais. Daí surge o grande problema feminino: lidar com a culpa. Para ter o mesmo crescimento profissional que o homem, não consegue equilibrar a balança com a vida pessoal. E sofre porque nem vive bem com a família nem trabalha direito. O equilíbrio perfeito não existe. O que mais existe é empresa olhando para você e dizendo: "Tem certeza de que não pode viajar? Então não vai ser promovida".

Não cabe à mulher colocar limites, de acordo com seus valores e objetivos de vida? Sei de um presidente que não queria que sua profissional-prodígio engravidasse, alegando prejudicar a carreira. Pois a fulana teve dois filhos e hoje é uma das diretoras na empresa do *big boss* avesso à maternidade das funcionárias. Imagine se ela sucumbisse ao seu desejo só para agradá-lo!

É aí que entram as escolhas pessoais. A cada dia você faz uma, e ela vai gerar algum impacto. Há empresas que não enxergam a gravidez como um fato prejudicial; enquanto outras, sim. A profissional tem de fazer a leitura do ambiente em que atua e decidir. Agir com consciência e sentir-se bem com o passo que der. Porque tem o outro lado da moeda: deixar-se influenciar pela família e depois culpar o filho pela carreira incrível que não teve. Qualquer decisão implicará prós e contras, e ela terá de conviver com a que fez. E vou logo avisando, não há meia escolha. Outra providência importante: criar uma estrutura familiar que funcione. Porque o seu lar vira uma miniempresa, que você também administra, só que de longe.

O bom é que essa miniempresa não tem fins lucrativos. Besteira, então, se estressar quando algo não sai como planejado...
Exato. Às vezes, quando me sinto muito cansada, pego uns dez filmes para ver com meu marido. Outro dia ouvi de um presidente de empresa que uma das coisas que mais o relaxa, mais do que viajar, é justamente ver um filme. Porque o enredo se resolve sozinho. Prática fantástica para quem sente que precisa dar conta de tudo: do problema da empregada, da funcionária, do cliente, da sogra...

Eu mesma, sem perceber, mandei petisco de pimenta na lancheira do meu filho. Ri tanto de mim. No passado, pimenta era castigo. Hoje, a gente manda de lanche.
Os filhos da nossa geração também serão diferentes. Minha mãe viveu para mim. Devo tudo a ela. Meus filhos não vão me olhar assim, como se eu tivesse participado de 100% da vida deles. Precisamos aceitar esse fato ou vamos esperar um reconhecimento dos nossos filhos que não vamos ter. Eles não ficam o tempo todo conosco, a saída é buscar mais qualidade do que quantidade. Vão admirar nosso sucesso, mas sem saber como teria sido se não trabalhássemos. Bem que tentamos repetir os padrões do passado, mas é impossível. Hoje, o homem sozinho não alcança o padrão que deseja dar à família. Então, o salário da mulher tornou-se fundamental.

Aos psicólogos, muitos pacientes confessam precisar do contracheque da mulher para manter o padrão de vida que desejam. Ao mesmo tempo sofrem porque ela está trabalhando em vez de cuidar dele, igual a mãe fazia. Como se relacionar bem com esse homem?

Pensando nos solteiros e nos casais do escritório, respondo: depende da idade. Os rapazes de até 30 anos esperam que a mulher contribua com metade das despesas da casa. Nem passa pela cabeça deles sustentá-la. Até porque vários foram criados por mães que já trabalhavam fora. Entre 30 e 40 anos a gente encontra uma postura *mix*, mais instável. Aceita, mas não muito... Na faixa dos 40 a 50 anos está aquele grupo que teve de engolir, por mais que não gostasse, ainda resistente a abdicar do papel do provedor e ter de negociar atenção e controle da relação. Tem ainda os de 55 para cima com muita dificuldade de perceber a mulher como aquela que pode ganhar mais do que ele. Ok, estou generalizando, pois existem milhares de tipos: do machista que paga a conta, e acha que manda na esposa por causa disso, até aquele que está em casa folgado enquanto ela trabalha (pelos dois).

As pesquisas apontam para um futuro de lideranças femininas. O que você enxerga lá na frente?
A mulher tem uma capacidade de liderança muito forte, mas não acredito que a gente vá migrar para o modelo do homem ficando em casa. Os dois continuarão trabalhando bastante, com os filhos o dia todo na escola – pois a tendência é que as empregadas domésticas também progridam. Quanto a um equilíbrio de forças, eu duvido. A mulher entre 40 e 45 anos convive com um parceiro que ainda espera dela um lado mais doce, que muitas executivas não conseguem exercitar. Por isso, tantas sozinhas. É diferente dos rapazes de 30 anos, que já aprenderam a conviver com essa mulher mais independente e competente.

Falta compatibilidade com o homem da mesma faixa etária?
Na minha opinião, sim. Durante o dia a mulher com carreira de sucesso tem de tomar uma série de decisões

e, então, conhece um homem da sua faixa etária esperando a mesma maturidade, agilidade, praticidade, competência. Além disso, ela transfere sua atitude assertiva para o relacionamento. Os conflitos começam porque o homem mais velho não sabe lidar com essa nova mulher. Ele quer aquela figura idealizada desde a infância, que precisa de um provedor. Por outro lado, a gente tem de se relacionar com certo tato. Quando estou com meu marido, seguro um pouco esse meu lado executiva.

Ajuda fazer a famosa DR (discutir a relação)?
Meu marido, logo no começo do nosso relacionamento, avisou "Não sou seu funcionário". Daí, prestei atenção principalmente no tom da minha fala, levei o que disse a sério. Isso é impor limite. Com certeza, ele não fez de forma consciente, e sim emocional. É relação adulta, de homem e mulher. E ainda bem que na nossa há espaço para cada um expor o que sente. Só que não vemos homens falando isso por aí. O mais comum é eles se afastarem. Por isso tantas mulheres saem com vários e não dão certo com nenhum.

É cada vez mais comum a queixa masculina de que as mulheres estão agressivas, autoritárias. Na outra ponta, a ala feminina reclama que falta homem à sua altura. Como satisfazer os dois lados?
O desenho que a mulher faz do homem ideal vai mudando, segundo seus próprios avanços. Até beirar o inatingível! Conclusão: ela não vai encontrar o que procura *nunca,* simplesmente porque esse ser tão especial, tão incrível, não existe. Ela não se abre para ver se gosta daquela pessoa imperfeita que a ama porque se prende a um modelo idealizado. Chega a dizer, em tom de desilusão: "Sou tão boa em tudo, mereço ter um homem melhor do que eu".

É o que os jornalistas mais ouvem das leitoras: "Sou bonita, divertida, sexy, independente, tenho um trabalho legal... Por que estou sozinha?"
Essa mulher tão incrível é bem capaz de não entender porque a amiga sem tantos atributos está casada com um bonitão bem-sucedido. Fica pensando o que ele tanto vê na moça que não é espetacular. Mas esse é o ponto. Na verdade, ele *se sente bem* ao lado dela. Não se sente comparado nem diminuído.

É como no filme *O casamento do meu melhor amigo*, quando a personagem da Julia Roberts olha para a de Cameron Diaz e questiona se o amigo vai se casar com aquela ingênua?
E cada vez mais essa mulher poderosa se fecha no seu protótipo de homem ideal. Experimente ligar para uma amiga assim e dizer que quer apresentar um amigo. Aposto que ela vai despejar um questionário daqueles. Pergunta onde o sujeito trabalha, o que faz, seu bairro, o carro, os lugares que frequenta, como se veste. Você desiste de apresentar. Essa mania feminina de querer controlar o destino é fogo! Outro dia uma aluna do MBA, de 34 anos, veio me perguntar se estava na hora de engravidar. Começou a fazer umas contas... Eu a interrompi: "Posso dar uma sugestão? Pare de tomar anticoncepcional e deixe que aconteça". E expliquei o óbvio: a gente *pensa* que pode controlar tudo, incluindo o amor, a maternidade, mas não funciona assim. Dê chance à natureza de fazer sua parte.

Entrevista especial

Mãe agora ou nunca

Jacob Pétry é filósofo brasileiro radicado nos Estados Unidos e escritor. Estudou a fundo o comportamento de pessoas que alcançam resultados extraordinários na vida.

Nos últimos anos, você analisou a biografia de estrelas como o presidente Obama. E percebeu que chegaram lá perseverando nos seus pontos fortes. No caso das mulheres que estão tão exigentes consigo mesmas e com o homem, quanto isso dificulta a busca pela felicidade?
Há certa tendência de ver só o lado positivo das consequências do movimento feminista. Não é bom, pois, no balanço geral, só entram as vencedoras. Nesse tipo de análise, um clássico mecanismo mental conhecido como *ancoragem* parece entrar em ação. Ou seja, o resultado da mudança fica enganosamente ancorado numa extrema minoria. É fácil, por exemplo, apontar o dedo para meia dúzia de mulheres que passaram a assumir altos postos no mundo político e empresarial e estourar champanhe em sua homenagem. O problema é que ignoramos a infinita legião do mesmo sexo que apenas viu multiplicar suas responsabilidades. Não há como, nessas condições, pensar em explorar todo o seu potencial, em desenvolver habilidades. Isso ainda é prerrogativa de uma minoria.

Você acha que as mulheres estão ficando mais solitárias?
Depois de anos e anos de debates, as mulheres conseguiram mais espaço, mas parecem ter negligenciado uma solução coletiva para um problema que muito lhes interessa: como conciliar maternidade e realização profissional; ou como resolver o dilema trabalho *versus* filhos. A decisão, assim como suas consequências, sempre será individual, solitária. As que colocam como prioridade o lado maternal sofrem consideráveis prejuízos na carreira, na independência financeira e em seu percurso educativo. As que privilegiam a carreira arriscam-se a ter rebentos muito tarde, e limitá-los ao

mínimo – isso quando não percebem seu erro de escolha às margens da esterilidade.

Uma das teorias que se levantam é que as mulheres estão preferindo focar na carreira porque têm mais controle sobre o sucesso nessa área. Conquistar clientes, promoções só depende delas próprias. Já no amor podem fracassar, se frustrar, então nem tentam. Você concorda?

O amor, muitas vezes compreendido como um sentimento espontâneo e instintivo, na verdade é o resultado de um conjunto sistêmico de escolhas. Nesse sentido, o amor exige tempo e dedicação. Pressionadas pela sociedade a buscar seu espaço no mercado de trabalho, mais facilmente fracassam na vida amorosa. Outra vantagem aparente, a independência financeira, torna-se um vilão quando consideramos que essa liberdade resulta num aumento gradativo no número de divórcios (em países desenvolvidos, 50% dos casais se divorciam antes dos cinco anos de casamento).

Pesquisas indicam que as mulheres, tanto quanto os homens, estão rindo menos. Fala-se até sobre uma síndrome da tristeza feminina, um paradoxo se considerarmos que elas conquistaram tanta coisa. Qual a sua análise sobre isso?

O ser humano possui uma deficiência enorme em prever os efeitos de determinado evento. Isso ocorre porque todo evento tem sua própria dinâmica de gerar consequências. O que acontece no caso da libertação feminina é que estamos enfrentando problemas não lineares desse movimento, como a inquietação de casadas ou solteiras, de 30 a 40 anos, com uma carreira brilhante, que não encontram mais tempo ou espaço na agenda para ter filhos. Diante da pressão profissional, protelam a maternidade de ano para ano e, aos poucos, passam a se ver como frutos secos. Apesar de todo o seu sucesso profissional, muitas se sentem tensas, angustiadas e insatisfeitas. Nisso reside uma desigualdade natural entre o homem e a mulher. Ela é confrontada com a escolha entre ter um filho cedo ou fazer carreira, enquanto ele pode se tornar pai biológico dos 17 aos 70 anos.

Qual o maior desafio para a mulher que quer construir uma relação afetiva gratificante sem abrir mão da carreira?

Por maior que seja a igualdade social e econômica entre os dois sexos, existe um papel que jamais poderá ser repassado ao homem, ficará sempre com a mulher: o da maternidade. É preciso assumir essa responsabilidade com ela mesma. E trata-se de uma decisão individual. Mas cuidado: a racionalidade tem muito pouco, mas muito pouco mesmo a ver com essa escolha. Muitos argumentos racionais sobre essa questão na juventude se tornarão armadilhas emocionais no futuro. Na minha opinião, o sucesso profissional não serve como fator compensatório do vazio da velhice solitária. Por isso, é fundamental que cada mulher sinta sua emoção. Ouça sua alma e detecte no íntimo do seu coração o que é o mais importante para ela para evitar, a todo custo, se envolver numa relação antagônica consigo mesma.

E o que o homem precisa fazer para acompanhá-la?

O verdadeiro amor começa quando a paixão acaba. Portanto, para ser duradoura, a relação não pode se alimentar apenas da paixão inicial. Uma relação que dure precisa aflorar da confiança, em que os dois sejam abertos, sinceros e íntegros. Deve haver espaço e vontade para que ambos cresçam, expandam, mesmo com interesses distintos. Por isso, o homem precisa aprender a ceder parte do seu espaço para a mulher, mas também aprender que é preciso ocupar parte do espaço que, antes, era dela.

Atitude 5

Cultivar desejo e criar sua assinatura erótica

- Reavalie suas expectativas;
- expresse seus desejos e vontades;
- beije-o e deixe-o com água na boca;
- fantasie e divirta-se mais;
- apresente-se ao seu corpo e goste dele;
- faça a conexão total.

Certa vez adaptei um texto que comparava sexo a aprender a andar. E não é que tem tudo a ver! Não é da noite para o dia, exige teimosia e treino, com previsíveis tombos no caminho, até que você ganha segurança e liberdade para experimentar, avançar, saber o que quer e até quando não embarcar em canoas furadas.

Nesse período de aprimoramento, talvez partilhe os lençóis com homens charmosos e ponto. Deu química, atração física... e você tem mais é que aproveitar um encontro-relâmpago sem necessariamente se preocupar em agradar ou conquistar para casar.

Ir ao Nirvana com alguém só porque a faz se sentir bem se chama sexo adulto, livre de culpas e daquela angústia adolescente, permitindo que se alcance uma perspectiva mais real dos próprios gostos e necessidades. Uma vida sexual verdadeiramente satisfatória inclui experimentar e aventurar-se nos limites do que é confortável para você e para ele. Pois é troca, entrega. Dar e receber. Os dois lados vencem. Bem diferente das relações burocráticas de épocas passadas, que traziam às mulheres mais desprazer do que prazer. Orgasmo era artigo de luxo; e os homens davam o melhor do seu egoísmo na cama. Até que fizemos uma revolução entre quatro paredes e agora eles vivem preocupadíssimos em saber se são bons de cama, se foram aprovados pelo nosso exigente crivo, se estão à altura das nossas vontades. Que poder!

E você, está desfrutando desse poder? Tem uma vida sexual que vale a pena? Sente prazer ou seu prazer está só no cartão de visitas profissional? Bom entrosamento sexual é valioso para a relação de amor (mesmo que a recíproca não seja verdadeira). Fundamental para se conseguir estabelecer uma união equilibrada e, ao mesmo tempo, excitante. Tão forte e intensa que faz o clima de lua de mel prolongar por muito mais tempo.

Talvez se pergunte se atingiu a maturidade sexual. Se não pergunta, pergunto eu. Porque esse é o primeiro segredo para poder se alimentar de desejo e criar a sua assinatura erótica, que satisfaça a você e ao seu verdadeiro e duradouro amor. Se a sua cama quase nunca parece varrida por um tornado, eu a convido a pôr em prática as sugestões a seguir. Sua vida na horizontal vai ficar mais emocionante que a bolsa de valores.

E vou logo avisando, pois escrevo há mais de vinte anos sobre isso: não há fim da linha. Quanto mais se pratica, mais se descobre, mais se aprende e mais se quer. Mais ainda gosta do que vem fazendo, de *como* está fazendo, curtindo os durantes sem ficar neurótica com os finalmentes. *Para nós, mulheres, que adoramos desafios, a sexualidade oferece uns ótimos. Quem viver, verá!*

Vencer barreiras, muitas estabelecidas na infância, nas crenças religiosas e culturais, e dar vazão à criatividade durante a relação amorosa é uma tarefa corajosa, ousada e apaixonante que a tornará uma amante inesquecível, a dos sonhos do seu parceiro. E que a fará, acima de tudo, se sentir mulher.

Reavalie suas expectativas

Desculpe desapontá-la, mas acreditar que seu parceiro saberá exatamente como excitá-la é uma ilusão daquelas. Há outras expectativas bem comuns, mas igualmente irreais, como a de que terão um orgasmo de tremer paredes todas as vezes – simultaneamente – e a de que será irresistivelmente atraente pelo resto da vida se conseguir manter a beleza por fora. Depois de uma noitada e uns drinques, ainda há o risco de cair na esparrela de que você só vai engravidar quando desejar (e acordar dias depois enjoando e aflita).

Cair na real ajuda um bocado a querer saber mais do riscado, a aplicar-se nessa arte que exige treino e atrevimento; para descobrir do que gosta realmente, e ensinar ao seu homem; para administrar a questão da fertilidade com menos *stress* e mais informação. Também para reduzir a pressão de querer atingir o clímax sempre e de jeitos espetaculares. Para entender que deve se preocupar em cultivar uma conexão erótica com seu par, ou vão virar irmãozinhos, mesmo mantendo-se linda de morrer. Vide a crise conjugal da atriz Scarlett Johansson com o ator Ryan Reynolds, após dois anos de casamento.

Conheço um casal que revitalizou a atração do início de namoro combinando encontros sexuais na hora do almoço, uma vez por semana. Outro passou a marcar na agenda uma noitada mensal em que voltariam para casa com o dia claro. Tem quem navegue por sites apimentados. Há, ainda, várias duplas que aumentam a diversão à décima potência com literatura erótica. Sem falar naqueles que ousam mais – fazendo aulas de sexo tântrico, por exemplo. Já naqueles relacionamentos em que cada um vira para um lado e dorme, mortos de cansaço ou com preguiça, dá para esperar o quê? Vamos reagir!

Preciso também contar duas histórias verídicas de leitoras que acabaram em gargalhadas, mas, ok, rir é sexy. História um: pensando em deixar o namorado em chamas, uma leitora foi à casa dele vestindo só um casacão e sandálias de tiras altíssimas. Não sabia que os pais do moço haviam chegado do interior para visitá-lo. Ela passou o jantar suando em bicas e recusando a oferta do sogro para guardar o casaco. História dois: o marido tinha a fantasia de pegar a esposa numa esquina e fingir pagar por sexo. Ela topou, mas as profissionais não gostaram da concorrência no ponto delas e puseram a gata de botas para correr. O marido parou o carro e... cadê a mulher?

Sexo é diversão para adultos, construído com atitude e entusiasmo, e não com expectativas adolescentes. Crescer nunca é indolor. Homens e mulheres precisam estar abertos a novas ideias, novas sensações. Fala-se tanto em inovação no universo do *business*, não é? A palavra é bem-vinda e funciona também como eficiente cola dos casais.

Expresse seus desejos e vontades

O lado negativo do sexo num relacionamento estável é você ficar presa num ciclo de movimentos mecânicos, previsíveis, com pouca adrenalina. Mas há várias maneiras de escapar dessa maldição. Uma delas é valorizando a comunicação. Falar dá muito mais certo do que esperar que o homem, mesmo o mais bem-intencionado de todos, tente adivinhar, intuir os seus desejos. O jogo de adivinhações termina, o índice de acertos cresce.

Não é que você vai dividir tudo o que passa pela sua cabeça com o outro. Mas, se o que você tem a dizer é essencial, seja clara. E fale também *não*. Um bem redondo, para qualquer prática que não deseja realizar. É uma questão de negociar, como você já faz no ambiente profissional. Não cede daqui, compensa dali... Afinal, esse também é um "trabalho" de dupla.

Ao contrário de vinte anos atrás, hoje não falta informação. Mesmo assim, ainda hesitamos em dizer uns aos outros do que gostamos ou não. Parece que falta achar o jeito certo. Melhor usar de honestidade, de um modo gentil. É preferível comentar que adoraria testar isto ou aquilo a confessar "o que não suporto é quando você começa..." Mais motivador, concorda?

Incentivar, desafiar, dar o caminho das pedras, indicar, pegar pela mão e mostrar... faz qualquer aluno progredir, desde que valha o investimento. Ainda mais se ele for um aplicado, daquele tipo que fica imaginando como pode ser ainda melhor na horizontal. Fazer o seu parceiro acreditar que tem o poder de despertar o lado mais instintivo e libidinoso da sua feminilidade é uma das senhas para entrar na mente dele e não sair mais.

Beije-o e deixe-o com água na boca

Há beijos e beijos. Com sabor agridoce de quero mais. Ou com gosto amargo de nunca mais. Nenhum outro contato físico é tão poderoso para manter a chama acesa. Se um casal não combina nessa hora, *hasta la vista, baby!* Sei que não estou falando com nenhuma criança que precisa aprender a beijar. Apenas convido a tornar os seus os mais emocionantes do planeta. Para você mesma, em primeiríssimo lugar.

Então, começo perguntando: já pensou nos fatores que influenciam um beijo de tirar o fôlego, deixar seu corpo em brasa, fazer seu homem não querer outra boca? O gosto, o ritmo, a dose certa de saliva, o que vocês fazem com as mãos enquanto estão coladinhos? Só descobre se estiver 100% presente nesse momento.

Nossa liberação deveria contribuir para curtirmos mais ampla e intensamente as delícias do encontro físico. Porém, tendemos a ser rápidos no gatilho. Pouco tempo ou paciência, ritmo acelerado, cansaço, preguiça... e ficamos fominhas, avançando para o sexo propriamente dito sem beijos nem mais delongas. Mais rápido. E mais leve. No automático. Com menos dedicação, concentração, e outros *ão* que vão virando gradativamente *inho*. Vai ser bom... já foi... desvalorizando o mais íntimo dos atos sexuais.

Trabalhadoras beijoqueiras do Brasil, uni-vos! *Na pressa, os beijos apaixonados estão ficando aquém do que somos capazes e queremos!* E trata-se de uma ferramenta de avaliação do parceiro – ou de *RE*avaliação periódica, no caso de quem tem relacionamento longo. Que permite coletar as sensações mais delicadas, do cheiro e sabor ao toque e à temperatura. E, acrescento, entrega a qualidade da "pegada" do seu coadjuvante.

Então, beijar não é só beijar. É uma checagem de território, uma das experiências que evoca nosso feminino, é entrega e não tem preço – tanto que as prostitutas escolhem muito bem quem vão beijar. Com capricho e demoradamente, seu selar de lábios faz o cérebro liberar substâncias que disparam a atração sexual, a emoção amorosa, o prazer e o bem-estar. Ajuda a gastar calorias, movimenta 29 músculos, pelas minhas contas. E quanto mais você movimentá-los, maior qualidade terá.

Li em algum lugar que duas semanas é o tempo que a gente passa beijando ao longo da vida. Parece pouco, não? Eu e você bem que merecemos três semanas, um mês inteirinho, um ano sabático... turbinando os 29 músculos. Com harmonia, pois é como dançar (sem ficar pisando no pé do sujeito).

Não bastassem os benefícios óbvios, acrescento dois: alivia o *stress* e reduz o colesterol, mostrou um estudo da Universidade do

Arizona, nos Estados Unidos, com 52 homens e mulheres saudáveis, divididos em dois grupos: Beijar e Controle.

O primeiro recebeu instruções claras: cada um e seus cônjuges deveriam se beijar, durante seis semanas, mais frequente e demoradamente que antes. A universidade enviou e-mails de lembrete. Ao segundo, as mensagens foram genéricas sobre serem afetuosos no relacionamento. Uma curiosidade: sem o pedido explícito de beijos, eles nem sequer foram citados pelo grupo Controle em seus relatórios. Você pode tentar essa experiência em casa!

Para beijos inesquecíveis, o cardápio de sugestões pode incluir: usar balas com sabores diferentes antes e deixar a boca com gostinho de hortelã, menta, canela. Alternar suavidade e leve pressão, explorando a boca aos poucos. Há quem passe mel nos lábios. Um desafio delicioso é beijar, com os corpos deitados ao contrário na cama, só encontrando os rostos! Dentro da piscina. Debaixo do chuveiro. No elevador... ah, que pena... as câmeras de segurança acabaram com essa graça.

Uma técnica de beijo com malícia é mordiscar e sugar o lábio superior enquanto ele faz o mesmo com o seu inferior. Ou contornar a boca dele com a ponta do dedo e, depois, com a ponta da língua. Você não é mais inocente, sabe onde e como isso vai acabar!

Vale a pena pensar que o beijo começa a ser bom mesmo antes de acontecer. Como um *cup cake* que você olha na doçaria e fica doida para provar. Trocando em miúdos, torne seus lábios tão tentadores quanto esse bolinho enfeitado. De várias formas: usando um gloss, sorrindo gostoso, cumprimentando o homem na bochecha para que sinta como seus lábios são macios. E que tal delicados "carimbos" por toda parte, até na ponta da orelha?

Nos primeiros encontros, acontece muito mais naturalmente. Atire a primeira bala de hortelã quem nunca experimentou deliciosas sessões de boca a boca aparentemente intermináveis... Depois de algum tempo, resgatar esse prazer é um dos principais segredos para prolongar o romance por anos a fio. Claro, a maneira como cada casal une os lábios é tão particular! Para mim, o melhor tipo é aquele que você quer continuar para sempre.

Fantasie e divirta-se mais

Quando o toque se torna previsível não provoca a descarga de adrenalina que costumava incendiar o corpo do parceiro. Ninguém espera uma *performance* de atleta ou *hollywoodiana*, a menos que esse clima caia no gosto de ambos. Uma leve incrementada pode dar um efeito formidável à relação; com vontade e bom humor. Será que o trabalho a consome tanto que não pode lançar um comentário inusitado, sugerir um ninho fora do quarto?

Só não me venha falar que esse esforço pode prejudicar sua energia artística, como indicou a cantora Lady Gaga em entrevistas. Sexo e criatividade têm tudo a ver. Especialmente quando o casal vai ficando junto por anos, e ele já conhece suas pernas melhor do que você, e vice-versa. Inventar personagens, criar historinhas, fazer os carinhos de sempre de formas diferentes – e está feito. Ele é inteirinho seu. Para isso, o maior desafio a vencer é o da preguiça.

Partilhar fantasias gera cumplicidade. Para criar o hábito, começar a pensar mais em sexo cai bem. Durante o dia, longe do quarto. Como um exercício de aquecimento, talvez enquanto descansa os olhos do computador ou dá uma esticada e vai andar pelo corredor do trabalho. Vale se lembrar de uma cena sexy que viu num filme ou escolher mentalmente uma *lingerie* especial para usar à noite.

Os homens pensam nisso mais que nós, e assim se recarregam de energia erótica para gastar depois do expediente. Eu uso uma tática: de vez em quando, envio um e-mail picante ao meu marido. Algo *light*, mas que acende a imaginação, cria expectativa, diverte, quebra o *stress* de ambos com o trabalho por meros segundos. E, o que é providencial, o deixa ansioso para me encontrar. Não é que eu pense o tempo todo nisso. Nem dá.

"Hoje temos *penne al pomodoro* com mussarela de búfala e azeitonas, cubos de alcatra ao vinho com linguini, filé a parmegiana e penne com salmão e limão siciliano", explicou a garçonete do restaurante que escolhi para almoçar com três colegas da empresa. Pensei alto: "Estou em dúvida entre os dois pennes". Uma delas emendou: "Escolha o maior". "Oi?", falei, com cara de ponto de interrogação. "Ela não entendeu a brincadeira", cochichou para a outra. Aí caiu a minha ficha... É que não estava pensando em sexo naquela hora, como ela. Minha fome era de penne mesmo. *Al dente*.

A essa altura, talvez você pense que os homens bem que poderiam se esforçar mais, o que evitaria ouvir a clássica resposta feminina "estou com dor de cabeça". Um dos motivos que faz a ala masculina variar pouco, seguir *scripts* óbvios? Suas referências ficam restritas ao que veem nos previsíveis filmes pornôs: carentes de enredo, de clima, de diálogos picantes, com truques para fazer uma ação de segundos virar um interminável vaivém. Como se pudesse ser assim na vida real! Já a imaginação das mulheres é tão mais fértil e refinada...

Mas não custa lembrar que, nesses tempos de crise de papéis no relacionamento, onde eles tentam bravamente confirmar sua masculinidade é justamente no... sexo. Então, tire partido disso! Duvido que algum reclame.

Você conhece homens criativos, nada parecidos com os que descrevo aqui? Aleluia, irmã! Também conheço alguns privilegiados. Um dos textos mais incríveis que já li na vida foi de um jornalista das antigas, Guilherme Cunha Pinto, conhecido como Jovem Gui. Sobre o sêmen, intitulado *O leite da mulher amada*. Queria ter sido sua repórter, para aprender a escrever sobre sexualidade daquele jeito, com tanta poesia e clima erótico.

Apresente-se ao seu corpo e goste dele

É outra medida necessária. Conhecer *mesmo*. Como o desejo não vem do homem, e sim da intimidade que a mulher alcança com o corpo, tome posse do seu fazendo descobertas próprias. Os bônus desse estudo personalizado serão riquíssimos.

Quem faz sexo como gente grande na hora H deixa de lado a ansiedade com a celulite ou os quilinhos a mais. Como ficar à vontade se não se sente bem na própria pele? Até *top models* magérrimas e rainhas de bateria, com suas curvas invejáveis, têm lá seus pontinhos de celulite. E revelar mais de si mesma a quem você ama faz a mágica de mandar embora as inibições e neuroses tipicamente femininas.

Estava na coletiva de imprensa de uma atriz global belíssima, quando fotografou para a *Playboy*, e a própria admitiu ter umas gordurinhas a mais. E mesmo assim é feliz com seu corpo. Ela fez um registro importante: toda mulher tem a sensualidade dentro dela. É uma questão de querer expressar. De escolher os momentos para isso.

Ficar se lamentando ("Ai, se eu fosse mais alta", "Ai, se eu fosse mais magra...") é desperdício de tempo e energia. A atriz Kim Cattrall, a Samantha de *Sex and the city*, não me deixa mentir. Até escreveu um livro para, entre outras razões, acabar com o mito de que mulheres bonitas, com uma imagem sexy, têm uma vida sexual incrível. Ela é apenas mais uma que aprendeu como se realizar depois de ler muito e de se olhar com a devida atenção na frente do espelho para conhecer e apreciar o próprio corpo.

Agora me lembro de ter entrevistado uma moça que chorava por não achar sua cara-metade. Até que encontrou. Passado um ano, ele recebeu proposta para trabalhar na matriz, em algum país da Europa. Casaram-se numa cerimônia supercharmosa, mas o então marido viajou só. Ela quis fazer lipo e só embarcou um mês depois. Sofreu na recuperação como se tivesse sido atropelada por uma jamanta. Além de roxa, urrava de dor de cabeça. Eu, que fico toda ai-ui-ui com beliscão, me perguntava: preferiu lua de fel a curtir a lua de mel?

Hoje, mais madura e com dois filhos, ainda nesse casamento, ela diz que não faria isso de novo em plena fase de lua de mel. Teria viajado com seu pequeno "excesso de bagagem" na barriga, tomado vinho e namorado muito na horizontal, malhando bastante depois. Percebeu que o amor dos dois era muito maior que sua implicância com a falta de cintura, e desde então procura equilibrar saúde e sensualidade com um visual agradável de ver.

O pulo da gata é tirar proveito do seu melhor. É a atitude que torna você atraente. Ou as mulheres frutas, que pesam um monte, não se achariam tão irresistíveis... Que tal se fazer promessas eróticas que não vai contar nem para sua melhor amiga?

Você pode (e deve!) aliviar o *stress* incrementando a diversão entre os lençóis.

Faça a conexão total

Quando sua lista de tarefas é mais extensa que a ponte Rio-Niterói fica mesmo difícil fazer o corte assim que tira o pé do carpete do escritório. Mas está provado – pelos cientistas e por nós mesmas, quando não conseguimos nos desligar dos problemas do patrão – que, para nos conectarmos fisicamente, precisamos nos conectar mental e emocionalmente também. Ou seja, não dá para apertar um botão e "ligar" o corpo só da cintura para baixo.

A libido em baixa, que já afeta perto de 30% dos profissionais, na maioria das vezes tem fundo emocional. Cansaço e uma maré baixa de autoestima interferem, mas sempre é possível arranjar espaço na agenda para também cuidar da sua, se ela ficou perdida num mar de *stress*. Assim como a gente acha tempo para ir às liquidações e, sejamos sinceras, àqueles eventos sociais da empresa só para fazer o "beija-mão".

Como mapa de orientação, saiba que depois de afeto, atração física, intimidade, clima propício e ambiente aconchegante, tempo e tranquilidade para a relação foram apontados como fatores indispensáveis à satisfação sexual no Estudo da Vida Sexual do Brasileiro. Faz sentido. Tudo isso interfere no humor, na disposição física, nas mensagens que chegam ao cérebro, o mais importante órgão sexual.

E o homem nem precisa de arroubos de romantismo como trazer metade da floricultura para deixar uma mulher com vontade de grudar nele. Pequenos gestos de atenção, carinho, sedução ajudam bastante – desde que com frequência, e não só no Dia dos Namorados ou quando o Brasil ganha uma partida na Copa do Mundo.

O jogo erótico não é para ter vencedores. Os dois lados ganham ou – se não se conectarem de verdade – perdem. Então, deixe todo o seu poder de mulher bem-sucedida do lado de fora da porta e fique atenta para não transferir para as quatro paredes a postura controladora do ambiente profissional. Para quê se proteger do que pode sentir? Sempre é tempo de correr atrás da sensação de libertação e da ligação emocional e espiritual que esse ato de amor é capaz de trazer.

Perguntei a uma amiga o que a deixava acesa para transar. De sopetão, ela respondeu: "Quando ele tira a mesa e lava os pratos. Se fizer isso só de boxer preta, ainda melhor..."

Para apimentar ainda mais sua relação, leia o depoimento da *sexpert* Laura Müller, que colhi minutos antes de sua aula de salsa. Aliás, está aí um ótimo exercício para mexer com o corpo, despertar a sensualidade adormecida. E ainda emagrece.

Depoimento especial

No sexo, pensar "Sou The Best*" não dá!*

Laura Müller é uma jornalista que resolveu estudar sexualidade. Tornou-se educadora sexual, psicóloga, palestrante, professora, escritora. Esclarece dúvidas em seu site e no programa Altas Horas *(Rede Globo).*

"Sem dúvida, a mulher de hoje se sente mais poderosa do que nunca. Isso lhe traz uma sensação indescritível de estar por cima, de olhar o mundo ao redor do topo da montanha mais alta, depois de uma escalada de fôlego em que só os fortes, persistentes e talentosos são vitoriosos. Sim, essa mulher desbravadora conseguiu chegar lá e sabe que pode ir além. Merece colher ótimos resultados pessoais, profissionais, financeiros. Mas faço um alerta: transportar todo esse poder para a vida a dois, especialmente entre os lençóis, não está funcionando.

"Minha experiência em consultório, nas palestras e na mídia me mostra que o poder feminino mais dificulta do que impulsiona a vida sexual, mais desequilibra do que equilibra a balança do desejo. Não que o contrário fosse bom: a opressão e subjugação feminina também atrapalhavam demais (Hollywood está aí, com seus filmes de época, para não nos deixar esquecer). Hora de encontrarmos o caminho do meio, do encontro. E o que mais vejo é desencontro.

"Entre quatro paredes, não há espaço para aquela máxima 'manda quem pode e obedece quem tem juízo'. Por quê? Porque sexo é entrega. Dos dois. Na teoria, a gente sabe. Na prática, o poder faz a mulher querer entregar pouco e cobrar muito de si mesma e do parceiro, almejando a perfeição. Aí, claro, a conta não fecha, o prazer vai para o espaço, o orgasmo não vem. Não vem *mesmo*. Daí, essa mulher tenta alguns caminhos para a relação não terminar no precipício. Por exemplo:

- "*Finge que atinge* o clímax para não perder o poder. Afinal, ser sincera significaria revelar uma vulnerabilidade, assumir que é imperfeita.
- "*Culpa o homem*, dizendo que *ele* não deu um orgasmo a ela, que *ele* falhou. Sendo que uma regra inviolável do sexo bom é o respeito ao outro, aos sentimentos do outro. E esse tipo de cobrança só faz o sujeito se sentir pequenininho, ansioso, frustrado, o que dificulta a relação ainda mais. Quer dizer que só o outro é imperfeito?
- "*Deixa a capa de Mulher Maravilha* fora do quarto e volta para dentro dela mesma, procurando se soltar da sua armadura de proteção, tão útil na vida profissional, tão desnecessária na sexual. Não há supermulher, não há superhomem.

"O que proponho aqui é um retorno ao feminino, na sua essência. Há de se resgatar o jogo de cintura, o molejo, a flexibilidade, o carinho, a sensibilidade, a intuição, a empatia, o fogo da sedução. Não tem nada a ver com bancar a taça de cristal, frágil como ela só. Nem ir para o outro extremo, fazendo voz grossa na cama, bem 'macha'. Tampouco ser mãe nessa hora de iguais.

"Basta que seja mulher, adulta, responsável pelo seu prazer, feminina. Pois no sexo não se manda, simplesmente se entrega ao outro numa via de mão dupla. Se eu entender que falhas existem e que sempre é possível recuperar o clima perdido em alguma vala de *stress* e ansiedades provocadas pelo mundo exterior, dá para viver o sexo plena e satisfatoriamente. Jogar as armas, as luvas de boxe e... descontrair.

"Imagine fazer uma massagem relaxante e não se entregar às sensações que as mãos hábeis do profissional lhe proporcionarão? Qual a graça?"

Atitude 6

Ter vínculo e cumplicidade com ele para ajudar na sua carreira

- Troque intensidade por profundidade;
- promova um encontro de inteiros;
- descubra a delícia de ser bem casada;
- arranje motivos para rir;
- tire a máscara "está sempre tudo bem";
- jogue com ele, não contra;
- seja mais tolerante à dor.

A moda agora é festa de casamento de mentira. E o buquê de alface não torna a balada menos glamourosa e disputada. Nela, o sujeito de terno e gravata, ansioso para simular o "sim", não é o príncipe encantado, mas um amigo ou alguém que a noiva fictícia talvez nem conheça direito, o que torna tudo ainda mais divertido. Pensa que estou brincando?

Para competir, só a festa do divórcio (ou do descasamento), que também aterrissou em São Paulo, pelo menos. Você não leu errado: são as chamadas bodas de papel... rasgado por incompatibilidades de gênios e desejos. Ideia importada dos Estados Unidos. Com direito a decoração especial e até jogo de dardos com o rosto do ex ou da ex no alvo.

Em ambos os casos, você deve imaginar, os convidados a princípio reagem espantados. Mas, segundo os anfitriões bem-humorados, acabam achando o máximo e embarcando nessa espécie de defesa coletiva contra o sofrimento e a solidão. Você já foi a uma festa dessas? E armaria uma? Eu me fiz a segunda pergunta, porque já sei a resposta da primeira (sou virgem nesse tipo de comemoração). Daí, pensei que há outro grupo merecedor de festança ainda maior, de vários dias, tipo Carnaval.

Falo daqueles que encaram uma união para valer, prontos a renová-la sempre que a coisa ameaçar esfriar. Conseguem ficar cinco, dez, quinze, X, Y, Z anos casados. Abertos a aprender com o outro, a aplaudir seus sucessos e a torcer pela felicidade dos dois, juntos. Cultivar uma boa relação dá trabalho, dá bastante trabalho. Como tudo que é valioso dá. Mas esforço e recompensa são dois fatores que se retroalimentam. Eu me dou a esse trabalho (amando o que faço) desde 1996.

Em outras palavras, a relação amorosa exige cuidado e atenção, tanto quanto a carreira. Gosto de um trecho de *Anna Karenina*, do escritor russo Leon Tolstói, que fala justamente isso:

> "A vida conjugal se revelava muito diferente do que ele havia sonhado. Como um homem que, tendo admirado o avançar calmo e regular de um barco sobre um lago, quisesse comandá-lo, percebia a diferença que existe entre a simples contemplação e a ação: não bastava ficar sentado quieto, era preciso tomar cuidado com a água sob os pés, manobrar o leme atentamente, erguer com mão inexperta os pesados remos, todas coisas sem dúvida muito interessantes, mas muito difíceis."

Vai encarar? Então, me acompanhe. Se não há receita pronta para um negócio dar certo, um funcionário dar certo, um projeto dar certo, que dirá um amor em paralelo ao gás na carreira. Mas pesquisei, e comprovo no meu dia a dia, vários ingredientes que ajudam. Tire suas próprias conclusões (não sem antes experimentar, ok?).

Troque intensidade por profundidade

Engana-se quem pensa que o maior investimento seja no início, na fase da conquista, da intensidade da paixão. *É quando os dois já estão "conquistados" que você deve aumentar o volume da dedicação*; para ganhar profundidade. Se deixar esse motor chamado amor no piloto automático, preocupando-se somente com a carreira, será forte candidata a preparar uma festa do divórcio. Ou a insistir num casamento de mentira (sem festa!). Parece um nível difícil de alcançar no relacionamento, mas não é.

O que faz um casal vingar? Sexo frequente? A garantia de nunca haver traição? Respeito mútuo? A promessa de jamais dormir sem fazer as pazes? Com os dois trabalhando pra burro, as exigências estão bem mais sofisticadas do que as das gerações passadas. É que os benefícios da convivência (como intimidade crescente) são também potenciais ciladas – falta de cuidado com as palavras é das mais comuns. Se o namoro e o casamento assemelham-se a uma jornada, mantenham seu mapa atualizado, apoiando-se em referências como autoestima, realização pessoal (aqui entra a necessidade de seu homem entender e valorizar sua carreira) e intimidade emocional.

Promova um encontro de inteiros

Nunca me esqueci de quando o psiquiatra Paulo Gaudencio me explicou sobre um gráfico empresarial que ele havia desenvolvido, e vimos que funciona muito bem também no campo afetivo. Para visualizá-lo, imagine a letra L: na linha vertical, ficam as dificuldades da vida a dois; e na horizontal, as habilidades e a disposição para atender a essas exigências da relação, cedendo na medida. A zona do fluir é quando os dois eixos estão em equilíbrio. Ou seja, existe uma relação saudável, com bom fôlego para durar, se há desafios e habilidades para enfrentá-los.

Na hipótese de o primeiro ser muito maior que o segundo, gera agonia ou ansiedade. Acontece com quem tem dúvidas se é amada e fica vigiando o cara pelo celular e pelas redes sociais, por exemplo. Com o tempo, espera-se que sua habilidade para lidar com tal insegurança cresça em prol do equilíbrio da balança. Se não, poderá sentir mais ansiedade, angústia, frustração. O contrário (pouco desafio) leva ao tédio, ao desinteresse. Visualizo aquela mulher que nunca briga, faz programas que detesta só para agradar o sujeito.

Um casal que alcança a zona de fluir torna o vínculo duradouro porque um continua representando desafio para o outro, então é estimulante estar junto. E ambos têm condições de transformar as dificuldades em alavanca de crescimento pessoal dentro desse acasalamento. Lançam mão de habilidades como negociação, tolerância, bom senso, empatia e gentileza para reconquistar a cara-metade dia após dia. Para isso é preciso cuidado, já cantava Nando Reis e Jota Quest, dando aquilo que cada um tem de melhor – e não só aquilo que sobra de tempo, de energia, de paciência, de alegria...

Gosto de pensar que um casal é um encontro de inteiros, e não mais de duas metades da laranja. Nem da panela que acha a tampa certa... Para fazer a coisa evoluir nesse nosso estilo de vida tão desgastante, os dois têm de entrar inteiros. Na disposição, na estrutura emocional, na entrega. Assim como cada um deve aceitar o outro como ele é, por inteiro também. Duas metades que precisam se unir para se sentirem completas não têm a mesma força que outras duas já prontas a trocar e somar.

Descubra a delícia de ser bem casada

Os sexólogos dizem que a maioria das mulheres, depois de algum tempo de vida a dois, faz sexo sem vontade, não se entrega inteiramente. Entre os motivos lideram a rotina, a falta de mistério, a incompreensão e a obrigação de fidelidade. São dificuldades reais, que acontecem nas melhores famílias, mas contornáveis se você desenvolve habilidades como criatividade, empatia e sedução. Sobre a última, a questão da fidelidade, conheci uma tese polêmica: de que era mais fácil ser fiel quando nossa expectativa de vida não ia tão longe como hoje. Será? Estou casada desde 1996.

Não é tanto tempo assim para tirar uma conclusão. Engraçado que considero meu casamento ainda começando. E sou cúmplice. E sou fiel.

Escrevi um artigo para a revista masculina *Alfa* justamente sobre fidelidade, e a repercussão foi incrível. Vários leitores me escreveram contando que resistem ao desejo erótico da novidade para ser novidade diária para a mesma mulher. Um chegou a dizer que gosta até de ir ao mercado com a amada! Outro assumiu:

> "Não vejo sentido em não ser fiel a quem se ama e respeita (ainda que algumas vezes tenha de frear os impulsos do desejo), como também não entendo quem se impede de ser feliz ao manter relacionamentos fracassados. Estou seguro de que encontrei o caminho da felicidade da relação. Basta trilhá-lo."

Um terceiro ia enviar meu texto a um amigo cujo casamento estava meio abalado! Valeu a intenção.

O que dizia o meu artigo que os agradou? Eu contava sobre uma pesquisa de comportamento norte-americana que apontava a mulher bem-casada como um dos quatro tipos que mais atraem os homens. E declarei que sou bem-casada. Bem na fita. Bem consciente de que escolhi esse homem; e é com ele que eu quero brindar, batalhar, ganhar dinheiro, viajar, construir castelos, fazer amor.

Para mim, é inesquecível a definição que o doutor Paulo Gaudencio dá para a fidelidade: é como churrasco de chuchu. De fato, a monogamia não é da natureza humana, biologicamente falando. Porém, *a gente é fiel quando há ótimas compensações*. Intimidade, cumplicidade e afeto trazem uma sensação de completude que não vale a pena arriscar – ao menos na opinião de uma bem-casada, que investe para dentro da relação, o que desperta nos homens o pensamento "que sorte tem o homem dela, queria ser eu".

Como eles podem ter a fidelidade de uma bem-casada? Sugeri no artigo que a alimentassem de admiração. Admiro o meu marido principalmente pela inteligência, por me escutar (e também me alertar quando banco a ingênua no dia a dia), por trabalhar feito doido e, ainda assim, cavar um (uns) tempinho(s) para nós. Outros podem merecer elogios porque fazem omeletes supercriativos, porque realizam bem cinco posições do Kama Sutra (não tem desculpa, existem mais de 529!), porque têm ideias lucrativas, porque são cheirosos e viajados, porque dão suporte para que ela brilhe na carreira... O cardápio de motivos é ilimitado, e vai fazê-la saborear um ótimo churrasco de chuchu. Repetir, empolgada, concorda?

A gentileza vem como tempero, dá o tom da relação. Pelo amor de Deus, é horrível ver casais se agredindo com plateia. Morro de vergonha de assistir a uma cena dessas. Fico observando nos olhos de cada um e enxergo indiferença ou até desprezo, o inverso da admiração. Uma vez meu marido e eu resolvemos mostrar a um casal de amigos a marcenaria nova do nosso escritório. E não é que os dois começaram a discutir por causa da marcenaria que fizeram na casa deles! A gente não sabia o que fazer para acalmar os ânimos. Mais delicadeza no trato faz toda a diferença, até mesmo nas brincadeiras.

Arranje motivos para rir

Falando em brincadeiras, o senso de humor tem poder! É visível que os protocolos mudaram. A sedução de hoje é mais descontraída, minimalista, pós-romântica. E a tática de fazer rir é ótima para desarmar uma briga, principalmente quando começa do nada e termina em lugar nenhum.

Nessas horas, nada como uma pitada de loucura, uma frase *nonsense*. Fiz uma reportagem em que apurei a seguinte história: no meio da discussão, como o rapaz gesticulava muito, sem querer deu um tapa no seio direito da mulher. Pediu desculpas. "Já ouvi, mas ainda estou furiosa", ela resmungou. "Quantas vezes vou ter de me desculpar?" A moça pensou bem e respondeu: "Quero que você peça desculpas após cada *ai* que eu falar." E começou a cantarolar um *ai* atrás de outro. A proposta infantil fez os dois rirem e a briga acabar ali, dando espaço para um diálogo construtivo.

Cito outro benefício do riso. Um passeio de limusine foi a minha ideia para comemorar um determinado Dia dos Namorados. Nosso bebê completara seis meses, lindo e saudável, e eu queria fazer algo para resgatar o romance, o erotismo, o clima de casal. O carrão foi me buscar no prédio da redação na hora do almoço. Aquele carrão estacionado bem na porta... e os funcionários no fumódromo se perguntando quem ele teria vindo buscar. Quando era o contrário. Eu ia resgatar meu marido para um giro pela cidade regado a champanhe, acompanhado de petiscos importados.

Bem que a gente podia ter imitado o Kevin Costner e a Sean Young em *Sem saída*, naquela cena tórrida dentro do carrão, mas o que rolou de mais gostoso foram risos. A gente bebeu muito, se beijou muito, riu muito. Gargalhou como havia quase um ano não acontecia. Sorriu para a nova fase do casamento que começara.

Vejo amigas, entrevistadas e leitoras que, depois de juntarem as escovas de dentes, desaprenderam a namorar. Elas se uniram porque riam e se divertiam à beça com alguém em especial, mas depois parecem ter se esquecido de cultivar essa liga chamada humor. Resultado: o jantar tem o peso de um encontro de negócios, em que discutem dilemas e soluções. Já ocorreu que pode ser delicioso recordar à mesa a maneira como cada um era antes de se conhecerem?

E há outras maneiras de manter a irreverência. Nós temos o hábito de cantar músicas dos Beatles, U2 e outros vendo a letra e o vídeo na internet. Chamamos nosso filho. Assim, colaboramos para ele ter um ouvido musical de melhor qualidade e para os três treinarem o inglês. A brincadeira aparentemente boba nos proporciona minutos deliciosos, que aliviam o *stress* e aumentam nosso vínculo. Mais três sugestões:

1. *Conversa*. Ela não pode girar apenas em torno do seu trabalho. Ou vai virar uma chata, o tipo de mulher *hors-concours* na lista dos mais horripilantes para os homens. Se fosse o contrário, você aguentaria? E, naqueles dias

em que o papo não fluir como deveria, será ótimo relembrar momentos agradáveis aos dois: aquela viagem em que tudo deu certo, por exemplo. Meu marido e eu gostamos de falar de um Natal que passamos em Gramado, RS. Tanto que já combinamos com nosso filho que nosso aniversário de 90 anos será comemorado lá – financiado por ele.

2. *Telefone*. Estão distantes horas a fio, trabalhando? Use bem esse aparelho. Em vez de apenas falar que está com saudade, sugira algo muito bom que pretende fazer quando estiverem juntos. Criará expectativas positivas sobre vocês.
3. *Fotos*. Há quanto tempo não abrem os arquivos digitais com registros dos passeios, comemorações, viagens em que estavam juntos? Ao fitarem fotos em que aparecem sorrindo, imaginem o que poderão fazer para repetir o mesmo sentimento de alegria.

Tire a máscara "está sempre tudo bem"

Dar *feedback*, para usar um termo familiar a quem desenvolve uma carreira, é uma atitude de afeto. Não é só de chefe para subordinado, não. É necessário verbalizar, demonstrar o que lapidar na relação... pelo menos enquanto não evoluirmos ao ponto de ler os pensamentos de quem amamos (e responder mentalmente também). Travamos a intimidade se recorremos sempre à máscara de "está tudo bem", pois ela nos permite sentir e amadurecer, criando um conflito interno que pode virar panela de pressão.

Você não vai se dar ao trabalho de discutir vontades, chateações e sentimentos com quem não é importante, não faz nenhuma diferença na sua vida. Tem de haver muita cumplicidade entre o casal – e ela aumenta com as reavaliações periódicas, para ir calibrando a realização profissional de cada um com as expectativas do relacionamento a dois.

Quando não há diálogo, negociação, acaba prevalecendo um meio de comunicação muito famoso e praticado nas melhores famílias, chamado "goela abaixo". Verdade que o outro pode ficar cheio de dedos de expressar alguma mágoa e criar outra mágoa em você, e temer mais ainda o que virá de volta, como resposta. Há o medo de ficar com o flanco aberto, porque aprendemos que se a gente falar o que bem quer, pode ouvir o que não quer. A evolução é perceber que lucramos mais com a postura de dialogar do que com a de calar, sufocar, sublimar.

Para exemplificar, usei uma expressão comum entre as mulheres, quando estão prestes a fazer bobagem, mas desconhecida do meu marido (e não sei de quantos homens mais): "Você é uma mulher ou um rato?" Geralmente lançamos tal provocação quando quase traímos a dieta, quase torramos dinheiro nas liquidações... Pois bem, meu marido caiu na lábia do meu filho e cedeu a um pedido sem questionar, e eu o cutuquei: "Você deveria ter dito *não*. Você é um homem ou um rato?" Para mim, a pergunta saiu quase em tom de brincadeira. Ele, que não conhecia tal código feminino, ficou magoado, pensando: "Ela me chamou de rato? De rato?" Sorte que temos um canal aberto para fazer DR (discutir a relação) e, dias depois, ele se queixou verbalmente. Aí eu pude me explicar.

Mais uma fantasia comum que deveria ser desmascarada: a de que, aconteça o que acontecer, casais unidos farão concessões mútuas para chegarem a um acordo. Quer saber a real? Se ele detesta algum parente seu, desista de querer anular essa impressão. Se insistir, vai chamar briga – sem rendição. O mesmo acontecerá se você ficar batendo na tecla de que seu amor caseiro precisa virar um festeiro de carteirinha. Como diz meu filho, não vai rolar. Ninguém muda o outro, lembra?

Agora, se não quiser que o prédio inteiro escute a sua discussão, vou dar um conselho de amiga, que serve para qualquer tipo de conversa mais inflamada: aborde seu problema como depoimento, e não acusação. É a técnica do "eu sinto", em vez de "você é um...". Quando fala de si mesma, do seu sentimento, não há como o outro retrucar: "não, você não está sentindo isso..." A hipótese anterior dá margem a reações defensivas e a troca de ofensas. Por exemplo: "Você está dizendo que eu duvido de você? Que eu sou um controlador? Não é nada disso... E, você, então, que é..."

Jogue com ele, não contra

Para não depositar nos ombros do seu homem um ônus que pode não ser dele, quero partilhar algo que, depois de entrevistar tantos psicólogos, ficou bem gravado na minha memória. Aquilo que incomoda demais no outro pode ser um problema seu, e ele está apenas espelhando. Então, quando tiver queixa frequente de alguma atitude do seu amor, reflita se no fundo não é de si mesma que está se queixando; e vá resolver o seu problema com uma pessoa da sua confiança ou, quem sabe, fazendo terapia.

Outra postura providencial é promover uma operação Dispersar das Amigas que Não Param de Falar Mal dos Homens. Essa doença pega, viu? Melhor não embarcar nas opiniões alheias e viver sua história sem a interferência de ninguém.

Para jogar no mesmo time é preciso ainda que ambos tenham espaço para pôr seus limites na mesa. E, conforme falei anteriormente, os homens se queixam de que andamos muito mandonas. "Eu gosto da Bia. O problema é que ela é mandona", comentou meu filho sobre a única prima, na época com 7 anos, num momento de confusão de sentimentos. "Querido, não é só a Bia. Todas as mulheres são mandonas", respondi, para alertá-lo logo cedo.

Conheci um casal em que a mulher gritava quando o marido demorava para pegar o carro, para segurar a criança... Tempos depois, se separaram. Aí pensei: algumas conversas francas e desarmadas no meio do caminho sinalizariam que aquele homem estava ficando com a paciência na lua, não? E talvez tivessem evitado tamanho distanciamento a ponto de culminar num rompimento asséptico e não menos doloroso.

Minha sugestão: a mulher ter consciência que está mais intimidadora aos olhos dos homens de hoje e deixar o coração aberto para a franqueza, a fim de impedir que eles sofram calados, abafando seus sentimentos, até que virem estranhos. Ou que uma terceira personagem entre na história e roube a cena, como avisou Contardo Calligaris na entrevista que você leu.

Meu marido dá uns toques quando me excedo na empolgação com o trabalho, só para lembrar que, em casa, posso voltar à essência. Ser a mulher, a mulher dele. E não a chefe do crachá. Outro dia me alertou, sentado no sofá com nosso filho: "Reparou que você tem atravessado a sala assim que chega como se ainda estivesse na redação. Fala rápido e alto, olha para nós e só falta distribuir pautas para a gente fazer." Ele tinha razão. Então, resgatei um gesto que fez a diferença: dar um beijo bem dado em cada um toda noite. Assim, o afeto foi reintegrado à família.

Seja mais tolerante à dor

O furacão Angelina Jolie fez nova tatuagem na coxa para homenagear o ator-colírio Brad Pitt. Não deixa de ser uma forma de fortalecer o vínculo, demonstrando afeto e admiração. Ainda mais porque, vamos combinar, a iniciativa dói na pele. Não, não vou propor a ninguém que chegue a tanto, mas imagino que depois de viver relacionamentos conturbados, ela realmente estivesse dando grande valor a esse.

Um estudo da Universidade de Buffalo, com 2.400 norte-americanos, confirma a minha máxima, que também é a de Nietzsche, o famoso filósofo alemão: o que não mata deixa você mais forte. Pois é, ao que parece, nosso cérebro é capaz de aprender com cada trauma e se tornar mais forte e resiliente – como se criasse uma imunidade psíquica contra adversidades. Meu marido e eu enfrentamos uma situação dificílima, que criou nos dois esse efeito apontado no estudo.

Foi quando decidi ser mãe. Tinha 35 anos, estava casada havia três, e felizmente minhas chefes me deram força. Como já disse anteriormente, minhas trompas estavam danificadas pela endometriose, e a cumplicidade do meu marido foi essencial para tentarmos a fertilização artificial, com o sétimo dos oito médicos que visitei. Enfrentei uma série de dificuldades, como placenta prévia. Passei a gestação praticamente imóvel na cama, sem levantar a cabeça nem para escovar os dentes. Deitei em agosto e levantei em dezembro, contei mais de 100 dias conversando com o teto. Meu marido foi um companheirão nesse meu compasso de espera, com riscos de morte.

Lembro que uma colega da época veio me visitar antes e logo depois das merecidas férias de um mês. Disse a ela: "Dá para imaginar que você passeou nos Estados Unidos, conheceu o homem da sua vida por lá, enquanto eu não caminhei nem pelo quarto?" Para resumir o final, tive gêmeos, mas um dos bebês, com hérnia diafragmática, viveu apenas 22 horas. Que prova de fogo para o meu casamento! Ou ele sairia mais forte do trauma ou desabaria.

Meu casamento saiu mais forte, porque existia uma base sólida de afetividade e de maturidade, acho eu. Assim como acho que a dor é uma das emoções essenciais para as transformações do ser humano. Renegá-la pode ser limitador.

Meu marido e eu nos transformamos depois dessa gravidez. Ficamos ainda mais interessados numa vida mais humana, mais desapegados das mesquinharias, da companhia das pessoas vazias, da vontade de *parecer* em vez de *ser*, da necessidade de acumular riqueza para ganhar amigos e consideração.

Lidamos com a carreira de cada um de modo que ela nos alimente individualmente e também beneficie o relacionamento, atentos para que não nos afaste. Pois ninguém está livre de um vacilo. Um apoia incondicionalmente qualquer decisão profissional do outro, porque existe afinidade de valores, esses que acabei de mencionar. Além disso, sabemos quantos obstáculos cada um já enfrentou.

Se eu posso, você pode formar um par que, de tão bem entrosado, parece sair da tela do cinema, das músicas mais gostosas de se ouvir. E olha que as melhores são inspiradas justamente no paradoxo entre dor e amor! Sabe aquele tipo de casal que transmite uma vibração boa, transpira paixão pela maioria dos poros?

Minha intenção não é atiçar sua inveja, nem aquela velha máxima de que a grama do vizinho é sempre mais verde. Acredito que dá para relaxar e gostar do abençoado relacionamento imperfeito que você tem – ou terá. Desde que exista vontade de fazer dar certo, à la *Eduardo e Mônica*.

Sou da geração do Renato Russo, esse tremendo poeta que também, a meu ver, era vidente. Em 1986, com a música *Eduardo e Mônica*, ele já enxergava diferenças gritantes entre mulher e homem. Mas Renato abria e fechava a história questionando se existe razão nas coisas feitas pelo coração. "Quem um dia irá dizer?"

A Mônica tomava um conhaque, falava alemão, estudava medicina, tinha tinta no cabelo, queria ver um filme do Godard... O Eduardo não sabia beber, jogava futebol de botão com o avô, ainda estava no esquema escola-cinema-clube-televisão... E a letra ainda destaca que foi o filhinho *dele* que ficou de recuperação... O legal é que, mesmo muito diferentes, ficaram juntos. Comemoraram e brigaram muitas vezes. Enfrentaram a barra mais pesada que tiveram... como qualquer casal. Ela ensinou a ele várias coisas, incluindo magia e meditação. Aprenderam juntos outras tantas, como fotografar...

Quer dizer, sempre há o que aprender com um companheiro de jornada. E isso não tem a ver com quantos diplomas e promoções um dos dois acumulou. Há outra vida pulsando do seu lado, com experiências diferentes das suas. Essa troca de aprendizados, quando ambos se dispõem a ser ao mesmo tempo professor e aluno, é mais uma das chaves que conheço para um casal ficar junto feito bem-casados. E também crescer no campo pessoal e profissional. Pacote completo!

Como inspiração e incentivo para você ter vínculo e cumplicidade com seu homem, leia o resultado de dois diálogos riquíssimos que tive com a psicóloga Valéria Meirelles e com a atriz Clarice Niskier.

Depoimento especial

Feminino superlativo

Valéria Meirelles é mestre e doutoranda em psicologia clínica, especialista em terapia familiar e de casal. Vem estudando o público feminino nos últimos treze anos, principalmente nas esferas carreira, família e finanças pessoais.

O que está acontecendo com os casais?
Vivemos um intercâmbio de domínios ou a chamada "masculinidade flexível". E isso é um ganho, não vai separar homens e mulheres. Mesmo assim, a pressão sobre o lado masculino para ser um profissional com P maiúsculo e prover a família continua muito maior. Se a namorada ou esposa não construir uma grande carreira, tudo bem. Com eles, não é tudo bem. Por isso, a questão do sucesso precisa ser conversada por cada casal, a fim de que os dois se sintam mais confortáveis na relação. Por exemplo, conheci uma vice-presidente que minimizava suas competências delegando os cuidados com seu dinheiro ao marido, executivo na mesma empresa. Não via nem extratos. Se funciona para ela, quem vai julgar?

Ficamos mais solitárias?
Vamos pensar nos dois sexos alcançando sucesso intelectual, profissional e financeiro. A mulher tende a olhar para onde? Para cima, para o topo da pirâmide, pois quer um parceiro no mínimo igual a ela. O homem tende a olhar para baixo, na direção da base, já que suas exigências do sexo oposto são menores. Então, ele tem mais opções, ela, menos. E, conforme os anos vão passando, menos ainda.

Só para lembrar, homem grisalho se relacionando com jovem é bem mais aceito que o inverso. E é bem provável que esse grisalho tenha escolhido se envolver com a mais jovem porque ela não exige tanto dele quanto a mais madura e poderosa.

Qual a saída para tanto desencontro?

Uma medida necessária é a mulher ser mais flexível na sua lista de exigências. Claro, você deve querer o melhor. Mas vale se perguntar: qual o preço a pagar por tanta rigidez, tanta cobrança, tanto desejo de perfeição nos ombros do outro? Além disso, minha experiência indica que, se os dois decidem ter filhos, a carreira tende a ser minimizada por um deles. A menos que contratem uma série de serviços e serviçais. Melhor os dois administrarem essa realidade a se iludirem, achando que conseguirão dar conta de tudo, brilhantemente, sem os inevitáveis ajustes.

Mulheres e homens parecem se entender menos...

A mulher quer ter as vantagens da modernidade e manter certos privilégios tradicionais, aí ele estranha a dupla mensagem. O exemplo mais típico é achar um absurdo dividir as contas. Como assim? Para poder competir, ela acabou endurecendo um pouco e transferindo esse autoritarismo e rigidez para o relacionamento. Ser moderna não significa excluir a ternura. E falta ternura entre os casais. Todo mundo quer se sentir legitimado e aceito pelo outro, e não ficar levando bordoada, sendo criticado o tempo todo.

Atendo no consultório muitos pacientes casados reclamando que a mulher confunde os papéis de profissional e de amante. E muitos solteiros se queixando de dificuldade de encontrar um amor. Repito para que as mulheres acreditem: os homens se ressentem de solidão. A diferença é que eles ficam menos tempo sozinhos – talvez por causa da maior flexibilidade nas escolhas. Claro que, como nós, aqueles que já foram muito machucados ficam com o pé atrás.

Vivemos um momento de transição?
É verdade. Enquanto a mudança não se processa, você fica presa entre dois muros, um que já foi e outro que está por vir, já dizia Gramsci [*Antonio Gramsci, uma das referências essenciais do pensamento de esquerda no século XX, que uniu as ideias de Marx às de Maquiavel e, sim, concordava que o fim justificava os meios*]. Acredito que marido e mulher têm de fazer uma parceria.

Talvez queiram novos acordos, não?
Sim, como não casar no papel e cada um morar sob teto próprio, às vezes no mesmo condomínio ou rua. Privilegia a individualidade, mas sem excluir o afeto. Há até um termo para a tendência: *Living Apart Together* (LAT). São uniões duradouras, e os dois se consideram casados, sendo que, se têm filhos, geralmente são de relacionamentos anteriores.

Para os que preferem morar juntos, outro acordo necessário diz respeito à divisão das tarefas domésticas. Eles ainda não dividem tanto quanto poderiam. O que dão é uma "ajuda solidária", num modelo que o psicólogo americano Daniel J. Levinson, um estudioso do desenvolvimento da personalidade adulta, chama de "casamentos neotradicionais". Vulgo: forcinha. Ora, se eles assumem que o dinheiro da mulher ajuda a família a viver melhor, a viajar, a morar com conforto, por que não podem dar a contrapartida em casa, facilitando a vida dessa mulher que trabalha?

Você chama a atenção para o resgate do cuidar. Explique melhor?
É inevitável, não só às mulheres, redescobrir um tempo para si e para as relações afetivas. E faço um alerta de

que a nossa sociedade não está privilegiando o cuidado humano. Em alguns países isso acontece: bancos abrem em horários flexíveis, por exemplo. No geral, porém, ainda é restrito o número de empresas que propiciam estrutura de apoio aos profissionais, para que não ameacem seu lado cuidador.

Por que sua tese de mestrado recebeu o nome *Feminino superlativo*?

Por que as mulheres que entrevistei definiam a si mesmas sempre com adjetivos superlativos. Elas se sentem superlativas, alegam que dão conta de tudo. Estudei qualitativamente sete casais em que os homens e suas esposas alcançaram patamar profissional semelhante, ou seja, eram casamentos de dupla carreira. Escrevi a tese *Feminino superlativo – mulher, família e carreira* em 2001, mas posso apostar que as coisas hoje não estão lá muito diferentes.

E como anda a vida sexual? Também superlativa?

Pelo contrário. A sexualidade, de acordo com as entrevistadas, mostrou-se um dos aspectos mais prejudicados no relacionamento, uma vez que elas chegavam ao fim do dia bem cansadas. "[...] À noite eu fico um trapo, aí não tem como estabelecer uma relação minimamente saudável. Se tem um ponto difícil, é esse". Entretanto, há quem não se abata: "... eu entro embaixo do chuveiro para me animar, ponho uma roupa bem bonitinha e vamos lá. Ah, é chato ele ver que estou assim... do jeito que me respeita, se me vir cansada não vai querer. Então, uma chuveiradinha e, pronto, está resolvido". Se não ficam atentas para cavar oportunidades de maior intimidade e relacionamento sexual nas férias e nos finais de semana, o caldo entorna de vez.

Qual o jeito mais saudável de encarar a carreira para não ser sufocada por ela?
Como um processo dinâmico, em que você faz opções conforme vai amadurecendo e mudando seus comportamentos, habilidades, objetivos de vida. Carreira não é destino. É caminho de autoconhecimento. Deve somar aos seus projetos pessoais, conjugais, familiares e psicossociais, e não substituir. Se tudo isso estiver interligado, você terá uma carreira consistente e certamente gratificante.

Depoimento especial

Entre o risco e a proteção

Clarice Niskier é atriz. Também escreve, produz e dirige espetáculos. Adaptou para o teatro o livro A alma imoral, *de Nilton Bonder, com enorme sucesso de público.*

"Pensamos estar sempre trilhando o melhor dos caminhos. Mas, como digo na peça *A alma imoral*, quantos de nossos esforços são, na verdade, oferendas ao nada?

"Quando era adolescente escrevi um poema que dizia mais ou menos assim: 'Ao mesmo tempo em que uma casa bonita para cuidar e amar, mil ondas do mar para furar e voar'. Poema de adolescente. Mas falava sobre a dualidade dos meus desejos. Fui crescendo e a questão da liberdade e do amor foi amadurecendo dentro de mim.

"Investimentos de carreira, investimentos afetivos, investimentos em filhos, investimentos nas amizades... Tudo está sempre se transformando. Não temos garantias de nenhuma espécie. Minha maior garantia, hoje, é saber que tenho cada vez mais condições de me renovar. E todos os dias acordo e penso se estou fazendo o melhor naquilo que faz mais sentido para mim. Procuro não viver apenas para o futuro. Mas desfrutar de um presente que realmente me agrade.

"Sou do tipo de mulher que sempre desejou ter uma família e, ao mesmo tempo, realização profissional. Um trabalho maravilhoso e filhos. Um marido, uma casa com periquito, cachorro, galinha... e também uma profissão (me imaginava uma grande jornalista ou uma grande fotógrafa). Eu escrevia poemas e ia entendendo que a vida era esse paradoxo. Como é que eu ia me virar para realizar tudo isso? A pergunta vinha intuitivamente. Tem uma frase da Clarice Lispector que diz assim: 'Azul será uma cor em si, ou uma questão de distância?'

"Como estar perto e longe, ao mesmo tempo, do que a gente mais ama e deseja?

"Tenho uma amiga que fala que a gente sente um pouco de remorso, aqui e ali, porque... hum... deixei meu filho um pouco em falta... hum... hoje não me dediquei tanto ao trabalho... Você vai caminhando num equilíbrio delicado.

"Há quem se lamente: 'Ai, estou sofrendo muito no amor, vou centrar fogo no trabalho. E coloca toda a libido na pilha de tarefas. Ou o inverso: 'Ah, estou tão bem no amor, e essa competição profissional me estressa; não quero'. Acontece que eu nunca quis abrir mão de nada.

"A felicidade não está aqui ou ali. Existe muita solidão no mundo profissional, assim como existe muita solidão nos casamentos. Às vezes, alguém está em uma relação estável sentindo-se solitário. Enquanto outro, numa relação instável, mas que preenche seu mundo interior, trazendo uma riqueza de experiências enorme, apesar de um morar no Canadá e o outro no Brasil.

"O mundo corporativo coloca um telão para os funcionários assistirem aos jogos da Copa do Mundo, mas não pode criar um *namoródromo*. Há coisas de que o mundo corporativo não dá conta. Ainda bem. Assim como há coisas de que o namoro não dá conta. Da mesma maneira que a gente quer um homem que compreenda nossa dedicação ao trabalho, quer uma corporação que compreenda nossa dedicação ao plano afetivo, familiar.

"Por que várias empresas contratam atores de teatro para dar treinamentos? Eu já fui contratada por uma multinacional, e ouvi de um executivo: 'Clarice, estamos cansados de manuais tradicionais de relacionamento interpessoal. As pessoas não estão se ouvindo. Então, chegamos à conclusão de que seria melhor chamar artistas, que trabalham com a voz, a fala, os sons, para incentivar a comunicação'. Esse negócio de que tudo vai pelo computador, por telefone, por videoconferência... não dá. Dei esse treinamento por um ano, justamente para humanizar aquelas relações, e foi maravilhoso.

"No mundo corporativo rolam amizades, não é só competição e *stress*. Nele se faz amigos também. Mas alguma hora você *tem de* sair para a rua, renovar as ideias e percepções, dar uma pausa naquilo tudo. Para voltar mais enriquecida. Por que não trazer experiências de todos os lados? Se eu tenho um conhecimento a oferecer, quero saber qual é o conhecimento que o outro tem a me oferecer, e vamos trocar. Cabe a cada um se abrir para isso. E os relacionamentos afetivos trazem experiências tão gratificantes quanto os profissionais.

"Agora, para você se dedicar à sua vida afetiva, não pode ter pânico de pagar mico. O cara a rejeitou. Ok. Você amanhã estará rejeitando alguém, sabe-se lá por qual motivo. Esse medo de ser rejeitada, de fracassar, está fazendo com que a mulher não mais se arrisque. A megaprofissional vai ficar esperando um sujeito telefonar?!? Ela reclama: 'Um cara que não é ninguém... não tem um terço do meu currículo... me fazendo esperar? Isso é humilhante.' Não é humilhante. Esse Zé Ninguém não tem o seu salário, mas você está a fim de sair com ele. A megaprofissional também pode ficar vulnerável e frágil diante de um homem ou vice-versa. Nós, mulheres, depois que nos emancipamos profissionalmente acabamos presas ao medo. Medo de voltarmos a ser dependentes.

Venho de uma família grande, sou a filha do meio, e cada irmã minha tem atitudes diferentes diante do amor. Digo: 'Vamos embora. Acabou, acabou. Levanta, sacode a poeira e dá a volta por cima'. Ouço: 'Ah, não sei como você aguenta isso. Vai se machucar de novo...' Sou o quinto casamento do meu marido. E ele é o meu terceiro. Estamos juntos há quinze anos, temos um filho. Quando nos conhecemos, éramos dois seres bem machucados, já de língua de fora nessa corrida afetiva. Mas a gente se olhou e não desistiu, entendeu? Já enfrentamos mil conflitos, mas é assim. Amar é se dar ao trabalho. É estar entre o risco e a proteção. Sabe, a liberdade e o amor estão em vários lugares e podem desaparecer a qualquer momento se não prestarmos atenção...

"A quem pede um amor verdadeiro, cuidado! Porque ele dá um trabalho que você não tem ideia. Justamente por ser verdadeiro. Campbell[22] fala que o casamento está ancorado também na espiritualidade, na evolução espiritual da pessoa, do ser. O sexo é ótimo, os papos são ótimos, a coisa financeira anda... mas é preciso abrir espaço para essa parte mais subjetiva, essa comunhão de almas.

"Questiono muito o modismo do remédio para tudo: de ansiedade a insônia. A gente precisa sentir angústia. Para cada situação que me deixa aflita eu tomo um remédio? Não mesmo. Exceto numa situação extrema, como a perda de um parente, é preciso aprender a lidar com as emoções negativas. Pois elas fazem parte, querendo ou não, da vida afetiva.

"Muitas pessoas parecem infantilizadas emocionalmente. Amadurecer é um direito do ser humano. Amadurecer não é um demérito. É exercer a responsabilidade sobre si mesma – com o desafio de não encaretar. O que o mundo está exigindo da gente é isso. E encarar uma relação afetiva é amadurecer. Faz parte dessa ecologia. A vida afetiva é um equilíbrio ecológico. A falta de vida afetiva é um desequilíbrio ecológico.

---

22. Trata-se do escritor norte-americano Joseph Campbell, autor de *O poder do mito*. São Paulo: Palas Atena, 1990. (N.E.)

"Feliz o ser humano que compreende que é uma natureza, e você não deve adulterar essa natureza. Como lembra Nilton Bonder,[23] adultério não designa somente aquele que trai o cônjuge, adultério vem de adulterar, modificar a essência de uma substância. Nosso mundo interior é uma natureza, pode ser transformada sem sofrer necessariamente adultério, entende? A dissimulação, por exemplo, pode criar uma segunda natureza na pessoa. E ela se identificar a tal ponto com essa segunda natureza que não sabe mais qual a natureza verdadeira. Ela adulterou a si mesma. E passa a acreditar que não precisa mais de vida afetiva, pessoal, ou que não precisa mesmo se realizar profissionalmente.

"Hoje eu forço muito menos a barra. Não tento ser o que realmente não sou, tanto no casamento quanto na vida profissional. Não tenho mais de ficar desafiando a morte – pegar o carro e sair a mil por hora. Tenho mais é de desafiar a vida, perpetuando coisas de valor, deixando algo que ajude as gerações futuras a seguir bem. Que ajude o meu filho, o filho do meu filho... Por que eu sou grata a essa vida. Não acho que ela é só sofrimento.

"A vida vai sinalizando também. Essa coisa de 'eu pago qualquer preço' é perigosíssima, pois você pode ficar 'endividada' para o resto da vida. A gente compreende bem quando se trata de cartão de crédito, mas às vezes ignora no plano simbólico.

"Vejo mulheres que não querem se arriscar na vida afetiva como crianças que tentam escapar de ralar o joelho, não se arriscam a perder o dente na bicicleta. Só fazendo chapinha não vai dar, não... Como me disse um monge budista (quando tive um susto, uma vertigem, durante a meditação): 'Agora que a mente esvaziou, confiança no coração.'"

23. Rabino e escritor consagrado, autor do livro *A alma imoral* (Rio de Janeiro: Rocco, 1998), que inspirou a peça de Clarice. (N.E.)

5

Faça acontecer

O que quero dizer de verdade a você dá para resumir em uma frase. Lá vai: Seja ambiciosa. Mas muito ambiciosa mesmo.

Antigamente, os sonhos grandes pertenciam aos rapazes, e as garotas tinham de se contentar em ser secundárias, coadjuvantes, e rezar por migalhas de atenção aos seus sonhos. Cabíveis no relacionamento só se os sonhos fossem minúsculos, modestos, tímidos. Isso não combina em nada com a mulher de hoje.

Você conquistou o direito a ter todos os sonhos que desejar – do tamanho que conseguir imaginar e que seu coração mandar. Mais ainda: você tem direito de realizá-los, um por um. Fique calma. O tempo é curto, mas suficiente. É só não vacilar. É só não se limitar. É só acreditar, fazer acontecer.

Junto ao seu eleito nessa jornada, você tem o direito de ter muito amor e companheirismo para colorir seu dia a dia e aliviar qualquer pressão. Tem também o direito de ter carreiras que tragam realização individual, além dos filhos que quiser (se quiser), e experiências sexuais ricas, para que você se sinta mulher e ele, seu homem.

Colecione surpresas e aventuras, dê mais gargalhadas, viva a possibilidade de chorar suas tristezas. Sinta aquele vento gostoso da estrada no rosto. Tome sorvete de pistache pela Itália inteira (ou, no mínimo, na melhor sorveteria da sua cidade). Dance com uma roupa esvoaçante, cante com toda a desinibição. Prove um prato diferente de vez em quando. Sente-se à beira-mar para assistir ao pôr do sol e decida o modelo do biquíni que quer comprar.

E mais: faça pausas para cuidar do seu corpo, da sua mente, do seu lado espiritual. Tenha amigas para todas as horas. Faça passeios com as irmãs e primas, dê carinho genuíno aos seus pais. São só alguns exemplos de iniciativas capazes de provocar aquela necessária sensação de estar viva, de fazer bem a si mesma. Há tantas coisas para curtir que é até pecado consumir todos os seus minutos preciosos somente com as obrigações.

Abrir mão de tudo mais o que a realidade de hoje nos brinda só para ter uma carreira gloriosa é pensar pequeno. Mas integrar uma carreira gloriosa a um amor infinito é apenas o começo para se pensar grande.

Você é uma mulher poderosa, já deu provas disso. Merece, agora, ampliar seus domínios com alegria no coração. Para não desperdiçar essa emoção, escape com todas as suas forças do medo e da acomodação. Perceba quando seus caminhos se tornam estreitos e procure expandir. Vale muito a pena atravessar o túnel que quer afunilar seus sonhos e sair do outro lado tomando plena posse deles. Inteira.

Tenho certeza de que você já pensa em melhorar sua balança carreira *versus* amor, com as baterias recarregadas para agir rápido e se beneficiar dos dois. Veja bem, pensar e agir. Só pensar é pouco. Você pode mais, você pode agir. Você tem as ferramentas. Pode mexer no seu mundo individual e, assim, impactar o mundo do outro – positivamente. Seu poder é imenso. Você nasceu com asas para voar. Alto. E tem companhia querendo ajudá-la a ir mais longe.

Afeto, amizade, afinidade intelectual, cumplicidade, apoio nas horas difíceis, tudo isso vai favorecer sua vida profissional e a dele, porque dá o suporte, o alimento, o incentivo, o porto seguro. Vai ser muito gostoso compartilhar projetos, fantasias, carícias com seu amor... *Vai ser muito mais divertido e gratificante se você se permitir ser EU, ELE e NÓS, em vez de ser só EU, EU, EU* (e ELE como o último da fila, depois da plástica, do carro da empresa e da bolsa de grife).

Um casal crescerá em todos os aspectos na medida em que cada um fizer a sua parte. E, quanto mais esse relacionamento crescer, mais motivos os dois terão para ficar juntos, para renovar forças. É um círculo virtuoso. Deverá causar inveja. Mas e daí?

Continue sua conquista de carreira, mas sem perder seu lado sensível, equilibrado, cativante, emotivo. Enfim, sem perder sua essência. Agindo assim, você se sentirá uma pessoa mais completa do que imaginava ser enquanto só fazia pela carreira.

As pessoas felizes costumam ser felizes também com seu par, com seus amigos, com seus filhos, com sua história pessoal. Estão sempre batalhando e tentando melhorar, enfrentando obstáculos e problemas. Mas acreditam na sua capacidade de superação e seguem em frente.

Para ter substância, o sucesso tem de acontecer nas diferentes facetas da vida. Essa pode ser sua meta a partir de agora, quando fechar este livro, para poder reequilibrar a balança amor e carreira antes do próximo estourar de champanhe do Ano Novo. Pelo bem de sua estabilidade emocional, que se reverterá em mais sucesso. Pelo bem da vida que você deseja ter, para se manter no caminho que deseja: o caminho da *sua* verdade.

Isso sim é um ser humano bem-sucedido! Isso sim é uma mulher com poder... de fazer carreira e de fazer amor com 100% de taxa de realização!

Referências bibliográficas

BAUMAN, Zygmunt. *Amor líquido*. Rio de Janeiro: Jorge Zahar, 2004.

BUCAY, Jorge; SALINAS, Silvia. *Amar de olhos abertos*. Rio de Janeiro: Sextante, 2010.

CATTRALL, Kim; LEVINSON, Mark. *Satisfação*. Rio de Janeiro: Prestígio, 2002.

FISHER, Helen. *Por que amamos?* Rio de Janeiro: Record, 2006.

GAUDENCIO, Paulo. *Terapia do papel profissional*. São Paulo: Palavras e Gestos, 2009.

HITE, Shere. *Sexo & negócios*. Rio de Janeiro: Bertrand Brasil, 2001.

JOHANSON, Sue. *ABC do sexo*. São Paulo: Seoman, 2005.

LIPOVETSKY, Gilles. *A terceira mulher*. São Paulo: Companhia das Letras, 2000.

MARIACA, Marcelo; BRISSAC, Chantal. *Erre mais!* Rio de Janeiro: Elsevier, 2010.

OLIVEIRA, Rosiska Darcy de. *Chão de terra*. Rio de Janeiro: Rocco, 2010.

PÉTRY, Jacob. *O óbvio que ignoramos*. São Paulo: Lua de Papel, 2010.

SAVIOLI, Nelson. *Carreira, manual do proprietário*. Rio de Janeiro: Qualitymark, 1991.

SINA, Amália. *Mulher e trabalho*. São Paulo: Saraiva, 2005.

TROIANO, Cecília Russo. *Vida de equilibrista*. São Paulo: Cultrix, 2007.

WOOD Jr., Thomaz; REGO, Arménio; CUNHA, Miguel Pina. *Como gerenciar seu chefe*. São Paulo: Da Boa Prosa, 2011.

Este livro foi impresso pelas
Edições Loyola em papel *offset* 75 g.